礼仪与艺术修养

唐丽娟 著

西南交通大学出版社
·成都·

图书在版编目（CIP）数据

礼仪与艺术修养 / 唐丽娟著. —成都：西南交通大学出版社，2022.8
ISBN 978-7-5643-8843-0

Ⅰ. ①礼… Ⅱ. ①唐… Ⅲ. ①礼仪–教材 Ⅳ. ①K891.26

中国版本图书馆 CIP 数据核字（2022）第 142940 号

Liyi yu Yishu Xiuyang
礼仪与艺术修养

唐丽娟 著

策划编辑	周 杨
责任编辑	梁 红
封面设计	原谋书装
出版发行	西南交通大学出版社 （四川省成都市金牛区二环路北一段 111 号 西南交通大学创新大厦 21 楼）
发行部电话	028-87600564　028-87600533
邮政编码	610031
网址	http://www.xnjdcbs.com
印刷	四川玖艺呈现印刷有限公司
成品尺寸	170 mm × 230 mm
印张	11.25
字数	166 千
版次	2022 年 8 月第 1 版
印次	2022 年 8 月第 1 次
书号	ISBN 978-7-5643-8843-0
定价	68.00 元

图书如有印装质量问题　本社负责退换
版权所有　盗版必究　举报电话：028-87600562

序

　　弟子丽娟，兰心蕙质，识礼贤良。其自幼学习舞蹈，常年练功无荒，故能信手牵云，摇步霓裳，风姿优雅，仪态大方。今其从教礼仪之课，并著《礼仪与艺术修养》一书，可谓职得其人，人尽其长。何其幸也，物我互证，相得益彰。

　　论及礼俗，想我中华泱泱，礼仪之邦，天朝上国，文被万方。纵溯五千年黄钟之乐，横溢百万里方鼎之章。冠带飘于四海，文泽润及八荒。惜近世瓦釜夺音，礼风不畅，或叹人心不古，不知夫子再生，作何叹想！化文复礼，天下归仁焉。丽娟能于此道作书育人，精卫衔石，其善莫大，其馨惟广。

　　礼仪之教，非为收束天然，外制于世，实为内美于人，涵化修养。彬彬之礼为形，翩翩之艺为章，"纷吾既有此内美兮，又重之以修能"。如屈子好修，美人香草，旷逸高洁，气华流芳。诚能人人礼化，向美而生，"扈江离与辟芷兮，纫秋兰以为佩"，则人民幸福，社稷宁长。

　　是为序章。

杨斌锏
壬寅三月于成都

前言

　　礼仪是尊重他人的表现形式和行为技巧，是一个人立身处世的根本、塑造形象的良方、赢得人脉的法宝和竞争取胜的利器。礼仪是人类文化的积淀，是一个国家社会文明、道德风尚、风俗习惯的反映。中国素有礼仪之邦的美称，讲礼仪是中华民族的优秀传统。随着社会的快速发展，人们的社会交往日益频繁，礼仪作为联系、沟通、交往的桥梁，显得更为重要。现代社会是一个注重仪表的文明社会，一个人的整体形象，不仅能体现出他的审美水平、文化素养、综合素质，更能体现他对别人的尊重。

　　艺术是通过具体、生动的感性形象来反映社会生活的审美活动。艺术作品蕴藏着丰厚的民族文化艺术素养，凝聚着艺术家的思想、人生态度和价值取向。因此，我们在欣赏艺术作品时，必然会受到民族文化的熏陶，同时受到艺术家的人生观、世界观、价值观等方面的影响，倾心于艺术作品所描绘的美的境界之中，获得审美的陶醉和感情的升华。思想得到了启发，高尚的道德情操和文明习惯就会培养起来。因此，要有意识尽可能多地接触内容健康、情趣高雅、艺术性强的艺术作品，如文学作品、音乐、书法、舞蹈、雕塑等，它对人们提高礼仪素质大有裨益。

　　礼仪本身就是艺术，是一个人的思想道德水平、文化修养、交际能力的外在表现。我们讲究礼仪、学习礼仪、实行礼仪，有一个根本前提，即大部分情况下是针对他人的。所以，它天然地就具有表演性，就是说它是"表演"给他人看的。例如着装礼仪要求：衣服不能穿得过于华丽，过于华丽的衣服可能会给人一种炫耀的感觉。即便不这样，人们也会认为你不太会穿衣服。但也不能过于朴素，在一些隆重盛大的场合，穿得过于朴素，也会让人觉得你失礼。讲究着装礼仪，说明它和一些艺术形式一样具有很大的表演性。另外，礼仪是教给人们交往技巧的，与人沟通具有很强的艺术性，优雅的谈吐更容易达到沟通的目的。某些场合下的礼仪确实让人感到这已经不单纯是礼仪，而是上升到艺术的高度了。为什么"彬彬有礼"的人会让我们感到温暖、亲切和愉快呢？关键就在于他实际上已经将礼仪艺术化了，将礼仪的表演性融入自己的一言一行中，以一种艺术的方式去行礼了，这也是优秀的演员能够感染人、吸引人、打动人的原因。

　　古人说："没有规矩，不成方圆。"标准的方和圆能够给人一种流畅的、完满的、美悦的感受，因为它们是按照一定的规矩画出来的。如果我们随意地去画一个方或一个圆，就不会有那样的效果。人学习礼仪也是这个道理，每个人的行为都按礼仪的"规矩"去做，这个人是美的，这个社会就是美好的。总之，当礼仪变成你生活的艺术，你也就获得了美。

　　在现实生活中，知礼、守礼、行礼的人会赢得别人的尊重和信任；反之，非礼、无礼的人会被社会所唾弃。现代人应注重礼仪，明白礼仪不单是一种外在的表现形式，它与人内在的道德素养、文化水平和艺术修养紧密联系，是其内在道德、文化与艺术修养的反映，我们应该注重自身内在修养，不断充实自己，提高自身的艺术修养。

不断提升个人礼仪修养，对职业发展和个人生活都有着非常重要的意义。本书着重阐述了行为举止礼仪、仪容仪表礼仪以及社交礼仪，从校园到职场，从职场到社会，从社会到家庭，旨在使读者受到礼仪文化的熏陶，学礼、知礼、用礼，以个人礼仪的各项具体规定为标准，努力克服自身不良的行为习惯，遵守文明礼貌行为规范，不断完善自我的行为活动，加强自我修养，提高公共道德水平。本书在编写过程中，参考了部分作者的相关教材和著作，在此表示衷心的感谢。由于时间仓促，作者水平有限，书中疏漏之处在所难免，敬请广大读者批评指正。本书的出版得到了西南交通大学研究生院和人文学院的大力支持，由西南交通大学2022—2023年度研究生专著建设项目（项目编号：SWJTU-ZZ2022-052）、西南交通大学人文学院经费专项资助出版，在此表示诚挚的谢意。

值得一提的是，书中所有图片均由作者家人和朋友提供，已征得其同意，取得使用授权，插图人物主要是李雨兮、青青、杨仁其、李梁司、李欣怡、罗胜蓝、罗清恬、黄秋涵、孙慧玲、孙梓惠、翁稚骁等，在此对他们表示衷心的感谢。

唐丽娟

2022年2月

目录

第一部分 礼仪文化

第 1 章　走进"礼仪" / 002
第一节　礼仪概述 / 003
第二节　礼仪的起源与发展 / 005
第三节　礼仪的特征与功能 / 018
第四节　礼仪教育的途径 / 022

第 2 章　传统礼仪 / 026
第一节　中国传统礼仪 / 027
第二节　传统礼俗及其文化精神 / 040
第三节　传统礼仪文化的传承与创新 / 044

第 3 章　现代礼仪 / 048
第一节　仪容之礼 / 048
第二节　微笑之礼 / 050
第三节　修饰之礼 / 059
第四节　交际之礼 / 067
第五节　餐饮之礼 / 076
第六节　国际之礼 / 084

第❷部分 艺术修养

第 4 章 认识艺术修养 / 094
第一节　艺术修养概述 / 094
第二节　艺术鉴赏 / 098
第三节　礼仪与艺术修养 / 106
第四节　舞蹈艺术与礼仪仪态 / 108
第五节　舞蹈礼仪与学生的艺术修养 / 114

第 5 章 语言艺术 / 123
第一节　语言交际艺术 / 123
第二节　非语言交际艺术 / 128

第 6 章 形象艺术 / 134
第一节　化妆艺术 / 134
第二节　仪态艺术 / 144

参考文献 / 167

第一部分 礼仪文化

第1章
走进"礼仪"

礼仪是一个国家社会文明程度、道德风尚和生活习惯的反映。礼仪是思想道德水平、文化修养、交际能力的外在表现,对个人的事业发展起着举足轻重的作用。礼仪提升人的内涵,增进与他人的了解沟通,对内可融洽关系,对外可树立形象,营造和谐的工作和生活环境。

在中国古代,文质彬彬是对一个人很高的评价,礼仪已如血液一般渗透在人们生活的方方面面。下面,我们走进礼仪,进一步认识礼仪。

礼仪,简单来说,就是礼节和仪式,如礼仪周到、外交礼仪。换句话说,礼仪是人们在社会交往活动中,为了相互尊重,在仪容、仪表、仪态、仪式、言谈举止等方面约定俗成的,共同认可的行为规范。礼仪是对礼节、礼貌、仪态和仪式的统称。礼仪传承至今,不仅是个人情怀修养的体现,更是当今社会发展的文明程度的体现。无论是古代还是现代,谦和有礼,礼教恭俭庄敬,此乃立身之本。有礼则安,无礼则危。故不学礼,无以立身。

第一节　礼仪概述

"礼"是一个历史范畴，与人类历史一样古老。礼仪随着社会的产生而产生，适应社会的发展而发展，在悠久的历史演变过程中，礼仪的内涵也在逐步发生着变化。

（1）礼仪起源于祭祀。豊，古同"礼"，古代祭祀用的礼器。《说文·豊部》："豊，行礼之器也，从豆，象形，读与礼同。"从甲骨文形体来看，"豊"字从"豆"，豆是古代的食器，也于祭祀时用来盛供品，是考古发现古代最常见的一种祭器。"豊"字本像盛玉礼器之形，是祭祀用的，也用以指代祭祀活动，后添加意符"示"而派生为"禮（礼）"，以表示"事神之事"。《说文·示部》：禮，履也，所以事神致福也，从示从豊，豊亦声，"履也"是声训，意谓"礼"为人所遵循"所以事神致福"，则道出了"礼"表示祭祀的本义。

《辞海》中对"礼"的解释："①敬神"。从繁体字"禮"的结构来看，左边是"示"字，意为祭祀敬神；右边是祭品，表示把盛满祭品的祭具摆放在祭台上，献给神灵以求保佑。这是因为在原始社会，生产力水平极其低下，人类处于原始、蒙昧的状态，对日月星辰、风雨雷电、山崩海啸等自然现象无法解释，从而对自然界产生神秘感和敬畏感，形成了对大自然的崇拜，并按人的形象想象出各种神灵作为崇拜的对象。同时，由于原始人对自身的梦幻现象无法解释，产生了"灵魂不死"的观念，进而产生了对民族祖先的崇拜。

自然力量和民族祖先一直是原始社会最主要的两类崇拜对象。人类通过祭祀活动，表达对神和祖先的信仰、崇拜，期望人类的虔诚能感化、影响神灵和祖先，从而得到力量和保护。

在他们祭祀天地神明以求风调雨顺、祭祀祖先以求多赐福少降灾的过程中，原始的"礼仪"随之产生了。

（2）礼仪还源于协调人类相互关系的需要。为了生存和发展，在与大自然抗争的同时，人类的内部关系，如人与人、部落与部落、国家与国家之间的关系也是人类必须解决好的问题。在群体生活中，男女有别、老少各异、扶老携幼既是一种天然的人伦秩序，又是一种需要保证和维护的秩序。可以说，维持群体生活的自然人伦秩序是礼仪产生的最原始动力。在此基础上，礼仪扩大到人际关系的其他方面。

在中华民族数千年发展历程中，礼制、礼俗仪式逐渐体系化且一以贯之，成为中华文明的重要基因，对增强中华民族凝聚力、维护社会安定祥和、提升民众文化素质、塑造民族形象和提升民族影响力发挥了重要作用。

作为中华传统文化的重要组成部分，礼仪深深地融入了人民的日常生活，纳入了道德范畴。随着改革开放的深入，社会主义精神文明建设如火如荼，传统的礼仪融合外来的礼仪业已成为一种时尚。学术界对传统礼仪不断进行挖掘整理。现实生活中，礼仪形式举不胜举，诸如社会活动中的礼仪小姐，商业运行中注重礼仪服务，开办专门学校培养礼仪人才，人际交往盛行礼让谦恭，等等。当然，现代社会，某些人对礼仪缺乏足够认识，在举止谈吐中常有违反礼仪的现象，例如在公共场所随地吐痰、任意抽烟；在酒肆饭店大声喧哗、猜拳嬉闹；公交地铁强抢霸占座位，拒绝礼让老弱病残；敞胸露怀，趿拉拖鞋，大大咧咧进入剧场影院；交往中不会微笑、不懂握手、不善敬语；稍有不顺，出口伤人，甚至动武……这些行为，有悖传统礼仪，也与社会主义精神文明格格不入。

孔子说"齐之以礼，有耻且格"，又说"不学礼，无以立"。孔子既将礼仪作为个人"立"的基本素养，也作为社会道德"齐"的根本要义。由此看来，如何强化礼仪教育，引导人们知礼、守礼、行礼，乃是赓续中华优秀传统文化、深入社会主义精神文明建设的题中之义。

著名美学家朱光潜认为：礼有三义，一是"节"，节制自己的情欲，崇尚礼仪（"克己复礼"）；二是"养"，通过不断修养，培养品格的善上和心理的健康（"养性制礼"）；三是"文"，蕴含"序""理""义"，使礼融贯真善美为一体。恰如其分的仪表、落落大方的形态、文明礼貌的举止、谦恭和美的言谈，确实能够创造出一种社会美、自然美和艺术美，进而产生出良好的社会效应，这已为现实生活中无数事实所佐证。荀子说："人无礼则不生，事无礼则不成，国无礼则不宁。"礼形于外，德诚于中，礼德相济，德礼相融，传递出的是弥足珍贵的道德价值。

第二节　礼仪的起源与发展

一、中国礼仪的起源

作为"四大文明古国"的中国，有着渊远流长的中华文化，在五千多年的历史长河中，中国各大古老文明长期相互影响融合，最终形成了中华文明，其是世界发展历史中不可或缺的一部分。

在中华传统文化中，就包括了历史悠久的中华礼仪，《鄘风·相鼠》就这样说道："人而无礼，胡不遄死？"大致意思是：为人如果没有礼仪，与畜生无异。可想而知，在中华传统文化中，礼仪有着多么重要的地位。

礼仪是人们在社会交往过程中，为了相互尊重，在言谈、仪表、仪态、仪容、仪式等方面共同认可、约定俗成的规范、准则，体现着一个人对他人和社会的尊重和认知水平，是一个人修养、学识和价值的外在表现形式。随着社会和时代的发展，礼仪早已浸透人们生活的各个方面，并占据着越来越重要的地位，起着越来越重要的作用。礼仪作为一种特殊的社会文化现象，它反映着一个国家的国民素质，体现着一个民族的文明程度。具体到个人，社会生活中的礼仪无处不在，俯拾即是，人际的交往和沟通，团体之间、企业之间的各项活动，每时每刻都离不开礼仪，可以说，礼仪是人们生活中的重要媒介。

中国礼仪文化历史悠久，且保存至今，因此中国也被称为"文明古国，礼仪之邦"。随着社会的发展，人类的社交面扩大，礼仪已经成为现代文明社会的标志，无时无刻不在使用礼仪。其实在古代，中国的礼仪更是严格、繁多，不仅时刻影响着中国人，甚至还影响着日本、朝鲜等国家。

礼仪作为一种文化现象，随着人类的产生而产生，它最早产生于原始社会人们对于无法解释的自然现象的崇拜中。远古时代，由于生产力水平极端低下，人类的生存环境极其恶劣，人们认识世界的能力有限，对许多自然现象无法做出科学的解释，便形成了对日月星辰、风雨雷电、山川丘陵、凶禽猛兽的崇拜。在崇拜中，人们创造了神话，如女娲补天、大禹治水等，又创造了祭神仪式，于是，以祭人、敬神为主要形式的礼仪产生了。随着人类社会的发展，同一氏族成员间在共同的聚集、狩猎、饮食生活中形成的习惯性的语言、表情、动作，是礼仪的萌芽。而不同氏族、部落间为沟通而使用的一些被普遍认同的语言、动作、表情，可以看成是礼仪的最初形态。随着社会分工的出现和生产力的发展，人们在社会生产中逐渐形成一些群体观念，比如一些反映等级权威的礼制和协调社会关系的礼俗，礼仪开始趋于成熟。

二、中国礼仪的发展

礼仪在其传承沿袭的过程中是不断发生着变革的,从其历史的角度来看,礼仪的演变过程可以分为五个大的阶段。

(一)礼仪的起源时期:即夏朝以前(公元前21世纪以前)

礼仪的萌芽阶段约在公元前21世纪以前。这一时期,人们在社会生活中形成了一套对后世颇具影响的礼仪规范,原始的政治礼仪、宗教礼仪、婚姻礼仪等在这个时期均有雏形,敬神礼仪更为突出。《礼记·祭统》说:"凡治人之道,莫急于礼。礼有五经,莫重于祭。"可见,礼是原始人类祈福的宗教典仪。

(二)礼仪的形成时期:夏、商、西周三代(公元前21世纪—前771年)

礼仪的发展阶段在公元前21世纪到公元前771年的夏、商、周三代时期。在这个阶段,中国第一次形成了比较完整的礼仪与制度。最早记载中国古代礼制的名典有三部:《周礼》《仪礼》《礼记》,统称"三礼"。这个时候,把上古礼的重心从"神灵"向人的身上转移,对礼进行大规模的整理、改造,创造出一套可具体实行的礼仪制度,并在全国推行。这一套礼仪制度不仅有严格的等级制度,用以维持天子、诸侯、百姓间的关系,更将"礼"纳入社会生活的方方面面,对祭祀、交际、服饰、婚嫁丧葬等制定了细致明确的礼仪制度,从此中国古代礼仪正式开始。

(三)礼仪的变革时期:春秋战国时期(公元前770—前221年)

礼仪的变革阶段约在公元前770年到公元前221年的春秋战国时期。这一时期是我国奴隶制向封建制转变的过渡时期,学术界百家争鸣,以孔子、孟子为代表的儒家学者系统地阐述了礼的起源、本质和功能。其中,孔子把"礼"作为治国安邦的基础,主张"为围以礼""克己复礼",并积极倡导人们"约之以礼",做"文质彬彬"的君子。孟子也重视"礼",并把仁、义、礼、智作为基本道德规范,他还认为"辞让之心"和"恭敬之心"是礼的发端和核心。荀子则比孟子更重视"礼",把礼看作做人的根本目的和最高理想,把识礼、循礼与否作为衡量人的贤愚和高低贵贱的尺度。从这些思想家的言论中不难看出,礼仪是适应调节人际关系的需要而产生和发展的。

(四)礼仪的强化时期:秦汉到清末(公元前221—1911年)

礼仪的强化阶段在公元前221年的秦朝时期到公元1911年。封建社会的礼仪习俗有了新的变化,礼仪规则分化为与政治息息相关的礼仪制度和社会交往中应遵守的行为规范两个部分。例如汉代董仲舒的"三纲五常",宋代的家庭礼仪,由此发展出了君臣之礼、父子之礼、交友之礼等。

(五)现代礼仪的发展

现代礼仪阶段从中华民国初期到中华人民共和国成立前。随着西学东渐的影响,人们的生活风貌、风俗礼仪也发生了深刻的变化,传统的礼仪规范、制度逐渐被时代抛弃,如普及教育,废除祭礼读经;剪辫子、禁缠足;青年学生不喜欢穿长褂,反而更喜欢穿一种简便的被称为"学生装"西服等。

（六）当代礼仪的发展

当代礼仪阶段从1949年至今。当代礼仪以科学精神、民主思想和现代生活为基础，表现出新型的社会关系和时代风貌。随着社会活动的发展以及文明程度的提高，各种礼仪更加深入人心，新的礼仪形式不断出现，交际礼仪、节庆礼仪、人生礼仪等各种新的形式被人们广泛接受。

可以看到，整个礼仪的发展历程表现为对传统文化的传承与发扬。礼仪文化是传统文化中最为核心的部分，它涉及政治、经济、文化的各个方面。对礼仪文化的发展是基于社会主义核心价值体系的现实所需，正所谓"取其精华、去其糟粕"，我们要选择、吸收、传承和转化传统礼仪文化中符合现代文明要求的礼仪精髓文化，摒弃腐朽的、落后的具有封建等级色彩的礼仪，从而使优秀的礼仪文化被保留并得以更好地发展。

三、中国礼仪文化

中华民族素有"礼仪之邦"的美誉，"礼"在我国社会发展中无时不在、无处不在，出行有礼，坐卧有礼，宴饮有礼，婚丧有礼，寿诞有礼，祭祀有礼，征战有礼……。这里的"礼"包含了礼制的精神原则与礼仪行为两大部分，礼义是礼制的精神核心，礼仪制度则是礼义精神的外在表现。

在古代，礼仪是礼节和仪式的总称。而现在，礼仪是指人们约定俗成，表示尊重的各种方式，这是现代通俗而简洁的解释。源远流长的中国古代礼仪是中国传统文化的重要组成部分，其内容丰富，涉及的范围广泛，几乎渗透了古代社会的各个方面。尽管它在历史的演进过程中发生过一些变化，但它始终对中华传统文化和个人日常生活产生着深刻影响。下面为大家介绍一些中国传统礼仪。

（一）古代政治礼仪

（1）祭天。始于周代的祭天也叫"郊祭"，冬至之日在国都南郊圜丘举行。古人重视实体崇拜，对天的崇拜还体现在对月亮的崇拜及对星星的崇拜。所有这些具体崇拜，在达到一定数量之后，才抽象为对天的崇拜。周代人崇拜天，是从殷代出现"帝"崇拜发展而来的，最高统治者为天子，君权神授，祭天是为最高统治者服务的，因此，祭天盛行到清代才宣告结束。

（2）祭地。夏至是祭地之日，礼仪与祭天大致相同。最早祭地是以血祭祀。汉代以后，不宜动土的风水信仰盛行，祭地礼仪还包括祭山川、祭土神、祭谷神、祭社稷等。

（3）宗庙之祭。宗庙制度是祖先崇拜的产物。人们在人间为亡灵建立的寄居所即宗庙。帝王的宗庙制是天子七庙，诸侯五庙，大夫三庙，士一庙。庶人不准设庙。宗庙的位置，天子、诸侯设于门中左侧，大夫则庙左而右寝。庶民则是寝室中灶堂旁设祖宗神位。庙中的神主是木制的长方体，祭祀时才摆放，祭品不能直呼其名。祭祀时行九拜礼，"稽首""顿首""空首""振动""吉拜""凶拜""奇拜""褒拜""肃拜"。宗庙祭祀还有对先代帝王的祭祀，据《礼记·曲礼》记述，凡于民有功的先帝都要祭祀。自汉代起，始修陵园立祠祭祀先代帝王。明太祖则始创在京都总立历代帝王庙。嘉靖时在北京阜成门内建立历代帝王庙，祭祀先王三十六帝。

（4）对先师先圣的祭祀。汉魏以后，以周公为先圣，孔子为先师；唐代尊孔子为先圣，颜回为先师。唐宋以后一直沿用释奠礼，作为学礼，也作为祭孔礼。南北朝时，每年春秋两次行释奠礼，各地郡学也设孔、颜之庙。明代称孔子为"至圣先师"。清代，盛京（辽宁沈阳）设有孔庙，定都北京后，以京师国子监为太学，立文庙，孔子称"大成至圣文宣先师"。曲阜的庙制、祭器、乐器及礼仪以北京太学为准式。乡饮酒礼是祭祀先师先圣的产物。

（5）相见礼。下级拜见上级时要行拜见礼，官员之间行揖拜礼，公、侯、驸马相见行两拜礼，下级居西先行拜礼，上级居东答拜。平民相见，依长幼行礼，幼者施礼。外别行四拜礼，近别行揖礼。

（6）军礼。包括征伐之礼、征税之礼、狩猎之礼、营建之礼等。

（二）古代生活礼仪

（1）诞生礼。从妇女未孕时的求子到婴儿周岁，一切礼仪都围绕着长命的主题。高禖之祭即乞子礼仪。此时，设坛于南郊，后妃九嫔都参加。汉魏时皆有高禖之祭，唐宋时制定了高禖之祀的礼仪，金代高禖祭青帝，在皇城东永安门北建木制方台，台下设高禖神位，清代无高禖之祭，却有与之意义相同的"换索"仪式。诞生礼自古就有重男轻女的倾向。诞生礼还包括"三朝""满月""百日""周岁"等。三朝是婴儿降生三日时接受各方面的贺礼。婴儿满月时，须剃胎发。百日时行认舅礼，命名礼。周岁时行抓周礼，以预测小儿一生命运和事业吉凶。

抓周是我国历史悠久的一种民间风俗。早在南北朝时期，北齐颜之推《颜氏家训·风操》明确记载："江南风俗，儿生一期（即满周岁），为制新衣，盥浴装饰，男则用弓、矢、纸、笔，女则月刀、尺、针、缕，并加饮食之物及珍宝服玩，置之儿前，观其发意所取，以验贪廉愚智，名之拭儿。"唐宋时期，该风俗从江南传遍神州，逐渐盛行。宋代孟元老《东京梦华录·育子》记载："民间生子，至来岁生日，罗列盘盏于地，盛大果木、饮食、官诰、笔砚、算秤等经卷针线应用之物，观其所先拈者，以为征兆，谓之'试晬'，此小儿之盛礼也。"元明时，此习俗更加盛行，到清代才有"抓周""试周"之说。直至今日，我国不少地方在孩子满周岁时，仍有"抓周"习俗，但已没有了迷信内容，单纯是一种取乐逗趣的游戏，以助孩子周岁欢乐之兴，此后，通过科学的方法培养小孩的兴趣爱好（见图1.1）。

图1.1　现代抓周仪式

（2）成年礼。成年礼按男女分为冠礼和笄礼。华夏文化是礼仪的文化，而冠礼则是礼仪的起点。礼文化是华夏文化的核心，礼仪分为"吉礼、凶礼、军礼、宾礼、嘉礼"五种类型，冠礼属于嘉礼的一种，起源于周代，表示男子已经成年，可以娶亲，并从此作为家族中的一个成年人参加各项活动。按照周制，男子二十岁行冠礼，不过，这只是一般而言。若遇到特殊情况，譬如天子诸侯为早日执掌国政，便提早行冠礼。传说周文王十二岁而冠，成王十五岁而冠。

冠礼有一套严格完整的礼仪流程。古代冠礼在宗庙内举行，冠前十天内，受冠者要先卜筮吉日，然后将吉日告知亲友。及冠礼前三日，又用筮法选择主持冠礼的大宾，并选一位"赞冠"者协助冠礼仪式。行礼时,主人(一般是受冠者之父)、大宾及受冠者都穿礼服。先加缁布冠,次授以皮弁,最后授以爵弁。每次加冠毕,皆由大宾对受冠者读祝词,予以祝福。然后,受礼者拜见其母。再由大宾为他取字。受冠者则改服礼帽礼服去拜见君,又执礼赘拜见乡大夫等,才算礼成。当然,冠礼在后世也因时因地有变化,并不墨守成规,就算程式略有简化,但对此项仪礼的重视程度却不能稍减。

举行冠礼是要提示行冠礼者:从此将由家庭中毫无责任的"孺子"转变为正式跨入社会的成年人,只有履践孝、悌、忠、顺的德行,才能成为各种合格的社会角色,才有资格去管理别人。因此,冠礼就是"以成人之礼来要求人的礼仪"。换句话说,冠礼是华夏礼仪在中国人心中的"奠基工程",所以,儒家将冠礼定位于"礼仪之始",给了它极高的文化地位。男子二十而冠,女子十五及笄。与现代社会不同,古代女子十五岁就算成年了,可以许嫁成婚。女子的成年礼叫"笄礼"(见图1.2),是古代流行的一种女孩成人仪式,它与男孩子的"冠礼"一样,历来深受先民的重视,故有"昏姻冠笄,所以别男女也"之说,其在举礼的程序等问题上大体和冠礼相同。《礼记·内则》云:"(女子)十有五年而笄。"《仪礼·士昏礼》云:"女子许嫁,笄而醴之,称字。"如此说来,女子出嫁之前,必须举行及笄礼。如果没有及笄的过程而出嫁,则被认为是"非礼"。需要说明的是,笄礼之初仅限于贵族阶层,并不涉及平民百姓,所谓"礼不下庶人"是也。正是在贵族的影响下,下层"庶民"也自觉加入笄礼的行列。"及笄礼"作为中华民族传统女子成人礼,与华夏文明同根同源,自汉代开始至明极为盛行。成人礼后,就意味着应当承担相应的责任。

(3)飨燕饮食礼仪。飨在太庙举行,烹太牢以饮宾客,重点在礼仪往来而不在饮食,燕即宴,燕礼在寝宫举行,主宾可以开怀畅饮。燕礼对中国饮食文化有深远的影响。中国是文明古国,也是礼仪之邦,自

图1.2　女子及笄之礼

古讲究"民以食为天",崇尚饮食礼仪。节日饮食礼仪也在长期的实践中逐渐规范化。例如正月十五的元宵、清明节的冷饭寒食、五月端午的粽子和雄黄酒、中秋的月饼、腊八粥,辞岁饺子等都是节日饮食。在特定的节日吃特定的食物,这也是一种饮食礼仪。宴席上的座次,上菜的顺序,劝酒、敬酒的礼节,也都有社会往来习俗中男女、尊卑、长幼关系和祈福避讳上的要求。

(4)宾礼。主要是对客人的接待之礼。与客人往来的馈赠礼仪有等级差别。士相见,宾见主人要以雉为贽;下大夫相见,以雁为贽;上大夫相见,以羔为贽。

(5)婚嫁礼仪。庄严神圣的婚姻,古人只用了四个字就概括了其核心,即"同牢合卺"。

其中，牢是羊圈的"圈"之意，引申为羊肉等食品。同牢的意思是夫妻双方吃一样的肉、一样的饭。卺是一种饮酒的器具，类似由葫芦等一分为二制作的瓢。合卺的意思就是夫妻双方一起饮两个杯里的酒。其实，在今天，"同牢合卺"依然是中国式婚姻生活的核心，直白地说，婚姻就是双方一起喝酒吃饭居家过日子。夫妻喝交杯酒，就是从"合卺"延续下来的。在古代，男女双方"坐不同席、食不共器"，而一旦结婚就可以"同牢合卺"。

传统中式婚礼繁复神圣，仪式感很强，从"三书六礼"即可见一斑。其中，"六礼"即结婚的六个步骤，分别为纳采、问名、纳吉、纳征、请期、亲迎。纳采的意思是说媒；问名包括了解对方姓甚名谁、生辰，以便合八字；纳吉是指男方将卜婚的吉兆通知女方并送礼表达订婚意愿；纳征俗称"过大礼"，即订婚；请期指男方告知女方结婚的日期；亲迎即结婚，男方由亲友陪同到女方家迎娶。宋代之后，"六礼"简化为"三礼"，即纳彩、纳征、亲迎，也就是说媒、订婚、结婚，一直延续到今天。婚礼之所以繁复，其宗旨就是通过仪式感给夫妻双方带来心灵的触动，教化一对新人，要从两个陌生人变成患难与共的夫妻。

说到婚嫁礼仪，不得不提"三拜"仪式。我国古代思想家把世界上的事物概括为天、地、人三类。人虽然是万物的主宰，但在先民的哲学思想和生活经验里，天地才是生产生活的承载者，我们的一切都来源于天地，例如风调雨顺、土地肥沃、物产丰富、空气清新、河水纯净、阳光明媚等，都是天地给我们的恩赐。既然我们得到了天地这么多的恩赐，那么我们在结婚时就应当首先拜天地，表达对天地的感谢。

除了天地外，父母对我们而言非常重要。是他们给了我们生命，是他们抚育我们长大成人。我国传统文化极其重视孝道，百善孝为先。古往今来,孝道被看作是子女孝敬父母的一种传统美德,历经千古而不衰,深深融入中国人的血脉。孝道作为中华优秀传统文化的核心价值理念之一,历来被看作人之善性的根源,也是涵养正己修身的道德源泉。所以,结婚时也要拜父母(见图1.3)。

图1.3 "三拜仪式"之"拜父母"

夫妻是建立新家庭的基本要素。要保持家庭和睦,夫妻间就要做到相敬如宾、互敬互爱,因此,夫妻对拜也就成了婚礼拜堂中的重要一环了。良辰吉时一到,鼓瑟齐鸣,新人身着红装,喜笑颜开。拜天地、拜长辈、夫妻对拜……新娘头顶红盖头,新郎身戴大红胸花,在喜娘的喝彩声中,完成传统的婚礼礼制"三拜"仪式(见图1.4)。

图1.4 "三拜仪式"之"夫妻对拜"

第三节 礼仪的特征与功能

礼仪是人类文化的结晶、社会文明的标志，是人际交往的行为规范与准则。学习礼仪，女士会变得更加优雅，男士会变得风度翩翩，家庭会更加温馨，社会会更加和谐。礼仪在其漫长的发展过程中，已经形成了一种文化。礼仪作为一种文化范畴，有着其自身的特征与功能。

一、礼仪的特征

（一）传统性

礼仪是一个国家、民族传统文化的组成部分。在我国，现代礼仪是以传统文化为核心，并不断吸收其他民族的优秀文化，在长期的社会生活实践中逐渐发展和完善起来的。它根植于传统文化这块沃土上，因而有着深刻的传统性。"礼仪之邦"具有几千年的文明史，中华民族修礼、崇礼、习礼的传统美德，深深地融入现代礼仪之中，约束和规范着现代人的行为。礼仪将人们在长期生活及交往中的习惯、准则固定并沿袭下来，具有广泛的社会文化基础，可以说，礼仪这种传统性是根深蒂固的。在社会生活中，礼仪是人们约定俗成的行为规范，在人们相互交往中传播、继承、相沿成习，积淀下来。在这个过程中，传统礼仪的那些烦琐的、保守的内容不断被摒弃，只有那些体现了人类的精神文明和社会进步，代表着中华民族传统文化本质和主流的礼仪，才得以世代相传，并被不断完善和发扬。

（二）共同性

礼仪是在人类共同生活的基础上形成的，是同一社会中，全体成员调节相互关系的行为规范。礼仪随着社会生产、生存环境和生活形态的变化而不断充实完善，逐渐成为社会各阶层共同遵守的行为准则。礼仪的内容大都以约定俗成的民俗习惯、特定文化为依据，集中地反映了一定范围内人们共同的文化心理和生活习惯，从而带有明显的共同性特点。礼仪又被应用于人们的社会交往之中，其范围和准则必须得到广泛的认可，才能在相当的范围内共同遵守，这也决定了礼仪的共同性特点。由于交往范围不断扩大，原先由于地域和文化交流限制所造成的礼仪规范的差异逐渐被打破，许多礼仪形式被越来越多的人接受和认可，礼仪的共同性特点越来越明显。

（三）差异性

礼仪是一种约定俗成的行为规范，其运用要受到时间、地点和环境的约束，同一礼仪会因时间、地点或对象的变化而有所不同。这就是礼仪差异性的特点。礼仪的差异性首先表现为民族差异性，不同民族的礼仪多姿多彩，各具特色。各民族的习俗礼仪都凝结着本民族、本地区人民的文化情结，大家严格遵循，积极维护。比如同是见面礼，不同的民族有着不同的表现形式。例如蒙古族迎接尊贵的客人时，为了表示对他们的欢迎，往往会给他们献上哈达，并拿出最好的肉食招待客人；维吾尔族会与客人握手问候，吃饭前要洗手；壮族遇到老人时，要主动问候，让座，在老人面前不能跷二郎腿；等等。除此之外，礼仪的差异性还表现为个性差异，每个人地位、性格、资质等都不同，其礼仪的表现形式和特点也不同。

（四）自律性

礼仪是社会生活中约定俗成的习惯和规则，礼仪对人们的各种行为规范都有着广泛的约束力，但这种约束力不是强制性的。礼仪不像法律那样威严，也不像道德那样肃然，礼仪的实施无须别人的督促和监督，有人冒犯了礼仪规范，也不会受到法律的制裁。因此，礼仪的实施，主要是人们自觉地利用礼仪规范来约束自己的行为，这就是礼仪的自律性。这要求人们在实施礼仪的过程中，树立内心的道德信念和行为修养准则，不断提高自我约束、自我克制的能力，在人际交往中自觉地遵守礼仪规范。

二、礼仪的功能

礼仪是人类为维系社会正常生活而要求人们共同遵守的最起码的道德规范，它是人们在长期共同生活和相互交往中逐渐形成，并且以风俗、习惯和传统等方式固定下来。礼仪是塑造形象的重要手段，具有尊重、约束、启蒙和调节的功能。礼仪作为一种规范和程序，作为一种文化传统，在调节、制约和调节人们相互关系的模式中发挥着作用。礼仪作为一种行为准则，对人们的社会行为有很强的约束作用。一旦礼仪被制定和实施，随着时间的推移，就会成为一种社会习俗和社会行为准则。

一般来说，礼仪具有以下四种功能。

（一）沟通的功能

人们在社会交往中，只要双方都自觉地遵守礼仪规范，就容易沟通感情，从而使交际往来容易成功。在社会生活中，礼仪是有效沟通的必要条件。矛盾是普遍存在的，人们在社会交往中难免出现碰撞摩擦，如果能够善于换位思考，设身处地理解他人，使用文明礼貌的言谈举止，常常会使矛盾烟消云散。和谐的社会关系和良好的公共秩序，可以激发人们的工作和生活的热情，降低社会管理成本，促进社会安定发展。礼仪不只是个人的私事，也不是无足轻重的小事，它直接影响到人际关系的质量和社会风气的好坏，关系到社会文明水平的提高。

（二）维护的功能

礼仪是社会文明发展程度的反映和标志，同时也对社会的风尚产生广泛、持久和深刻的影响。讲礼仪的人越多，社会便会越和谐安定。文明礼貌是人们维护社会生活需要共同遵守的基本道德和行为规范，体现着公民个体的思想水平、文化修养、道德风尚和生活习惯。随着人们物质生活水平的提高，人们更加积极进取、奋发向上、自信自强。但也应清醒地看到，少数人信奉个人利益至上，抛弃了传统美德和文明风尚，存在着种种道德失范现象。从这方面看，提高社会公共道德水平，树立文明礼貌行为规范，仍然需要我们久久为功。

每个人的力量有限，但事在人为，贵在坚持。文明新风的形成需要社会全体成员的共同努力，只要我们凝聚共识，共同参与，共同行动，破除"事不关己"思想，树立主动作为意识，坚持在日常生活中把自己摆进去，注重细节培养，坚持从我做起，从身边小事做起，自觉落实、落细、落小，文明礼貌的社会风气一定会像清新的空气一样令人神清气爽。

（三）教化的功能

从古至今，礼仪都具有教化的作用。礼仪通过评价、劝阻、示范等教育形式纠正人们不正确的行为习惯，倡导人们按礼仪规范的要求协调人际关系，维护社会正常生活，讲究礼仪的人同时也起着榜样的作用，影响着周围的人。

中国有着五千年悠久文明，是闻名世界的礼仪之邦。礼仪文明成为中国传统文化的重要组成部分，对人民生活和社会历史发展起到了广泛深远的影响。然而，在生活节奏日益加快的今天，一些因文明礼貌缺失而做出违背公序良俗的举止，导致小摩擦酿成恶性冲突，甚至造成无法挽回的后果，常常令人痛惜不已。礼仪是通向社会和谐的桥梁，包含着对他人的尊重，对道德的敬畏，对个人、对社会都有十分重要的意义。

马克思主义认为，人的本质是一切社会关系的总和，一个人的发展取决于和他直接或间接进行交往的其他一切人的发展，人的价值是自我价值和社会价值的统一。礼仪的本质是尊重人的价值，尊重人的尊严，尊重人的人格。每个人的基本权利都应该得到尊重，每个人都有权捍卫自己的人格尊严。谦虚恭敬的态度和言行，是尊重他人美德的外在表现形式。人的内心都渴望得到他人的尊重，但只有尊重他人才能赢得他人的尊重。

第四节　礼仪教育的途径

"社会文明程度得到新提高"是我国"十四五"时期经济社会发展的主要目标之一。习近平总书记指出："礼仪是宣示价值观、教化人民的有效方式。"礼仪作为一种制度规范和价值载体，具有成风化人的教化功能。努力实现社会文明程度得到新提高的目标，需要积极推进礼仪教育，不断提升人民群众文明素养，推动全社会形成适应新时代要求的思想观念、精神面貌、文明风尚、行为规范。

一、建立礼仪制度

习近平总书记指出："要建立和规范一些礼仪制度，组织开展形式多样的纪念庆典活动，传播主流价值，增强人们的认同感和归属感。"礼仪制度能够调节各种社会关系，是加强礼仪教育的重要基础。加强礼仪制度建设，要坚持以社会主义核心价值观为引领，继承优秀传统，立足当代实践，增强中国特色。强调全面性，既完善国家层面的重大纪念庆典活动礼仪制度，又规范社会层面的生产生活礼仪制度；既完善全社会共同遵守的礼仪规范，又制定体现各行各业特点的行为准则。呈现民族性，体现以爱国主义为核心的民族精神，传承发展中华优秀传统礼仪文化，在内容和形式上彰显中国精神、中国价值、中国力量，树立文明古国、礼仪之邦的良好形象。彰显时代性，体现以改革创新为核心的时代精神，符合现代文明基本理念，凸显中华传统礼仪文化的时代价值，并利用网络信息技术丰富其表达方式和呈现样式。

二、优化教育模式

礼仪教育的系统性要求整合优化多种教育模式，着力构建家庭、学校、社会协同发力的礼仪教育体系，让人们在实践中自觉感知礼仪、尊崇礼仪、践行礼仪，推动现代文明礼仪内化于心、外化于行（见图1.5）。

发挥家庭作为礼仪教育第一课堂的作用，通过言传身教、耳濡目染，促进青少年学礼尚礼；发挥学校作为礼仪教育主阵地的作用，通过开设礼仪课程、强化礼仪训练，组织开展升国旗仪式、入党入团入队仪式等礼仪实践活动，把礼仪教育贯穿教育教学全过程；发挥社会作为礼仪教育"实训基地"的作用，通过举办礼仪培训班、礼仪文化节等，提

图1.5 家庭礼仪言传身教

高社会公共礼仪水平。随着信息技术的迅猛发展和互联网普及程度的不断提升,上网成为人们工作生活常态。应依托新媒体技术,将线上与线下礼仪教育相结合,确立网络公共空间的礼仪、礼节、礼貌规范,进一步营造清朗网络空间。

三、营造文化氛围

大力营造全民学礼、明礼、尊礼、用礼的浓厚氛围,有助于开展礼仪教育、提升教育效果。礼仪是与人相处的基本,而且礼仪是从小就要开始培养的,家长要以身作则,为孩子做好榜样,将礼仪教育融入日常生活。家长可以多和孩子讲一些关于礼仪的小故事,让孩子在快乐的气氛中学习。除此之外,还可以教孩子读诵类似于《三字经》等书籍(见图1.6)。

图1.6　识礼学礼从孩子抓起

重大纪念庆典活动是开展礼仪教育的重要契机，可以进一步优化形式和规程，体现仪式感、庄重感、荣誉感，营造国家崇礼重礼的文化氛围。加大对重要礼仪的宣传普及，综合运用各种媒体，通过专题栏目、公益广告等形式，大力宣传日常生活中的礼仪活动和礼仪规范，普及礼仪知识，讲好礼仪故事。发挥先进典型的示范引领作用，通过评选、表彰文明礼仪模范个人和先进单位，以榜样的力量激励人、鼓舞人，推动全社会形成见贤思齐、争当先进的良好氛围。开展群众性文明礼仪创建活动，组织开展文明礼仪比赛、自创自演礼仪剧目等活动，广泛弘扬文明礼仪新风。

每个人都有自己的梦想和美好的期望，而礼仪就是助我们成功飞向理想彼岸、顺利实现金色梦想的"无形的翅膀"。

第2章
传统礼仪

中国素有"礼仪之邦"之称，正所谓有礼仪之大谓之夏。中国礼仪以周为最，中国古代一般推行周礼。中国古代有"五礼"之说，祭祀之事为吉礼，冠婚之事为喜礼，宾客之事为宾礼，军旅之事为军礼，丧葬之事为凶礼。民俗界认为礼仪包括生、冠、婚、丧4种人生礼仪。实际上，礼仪可分为政治与生活两大部类。政治类包括祭天、祭地、宗庙之祭，祀先师、先王、圣贤；乡饮、相见礼、军礼等。生活类包括五祀、高禖之祀、傩仪、诞生礼、冠礼、饮食礼仪、馈赠礼仪等。

古代所谓礼仪，包括的范围内容和形式非常广泛，诸如政治体制、朝廷法典、天地鬼神祭祀、水旱灾害祈禳、学校科举、军队征战、行政区域划分、房舍陵墓营造，乃至衣食住行、婚丧嫁娶、言谈举止，都与礼仪有关，它几乎是一个囊括了国家政治、经济、军事、文化一切典章制度以及个人的伦理道德修养、行为准则规范的庞大的概念。直到近代以后，礼仪的范畴才逐渐缩小，现在主要指礼节和仪式。

中国传统礼仪文化以其平和、中正的特征，对人们产生深远的影响。但是任何一个民族的文化都不可能是万世一贯的，而只能与时俱进，弃其糟粕，取其精华。优秀文化的因子，往往历久弥新，长久地存活在历史的长河中，持续地影响着民族的精神和面貌。

第一节　中国传统礼仪

一、师生礼仪

"桃李不言，下自成蹊。""师者，所以传道授业解惑也。"尊师重道自古就是中华民族的传统美德，程门立雪、唐太宗敬师、华罗庚不忘师恩、毛主席尊师重教……一个个佳话流传至今。在当今校园生活中，教师不仅是文化知识的传播者，更是学生思想道德的教育者，学生们在学校里接触最多的人也是老师，尊敬老师并与老师和谐相处变得尤为重要。良好的师生关系应是亦师亦友，但并不是说学生见了老师要噤若寒蝉或是出言无状，学生对待老师要有一定的礼仪（见图2.1）。

图2.1　彬彬有礼从孩子抓起

拜师，是古代新生入学礼的必要环节。据《礼记》记载，新生进入学堂，首先要双膝跪地叩先师孔子的神位，然后向老师叩拜，并赠送带有寓意的芹菜、桂圆等束脩六礼。到了唐代，拜师礼被归入国家礼仪典制。在清代，国子监学生初见老师要"自东阶升堂"。因为在古礼中，东阶为下为卑、西阶为上为尊，并且还需行"三揖礼"。除了拜师礼，古人在日常学习中也十分讲究敬师的礼数。春秋战国时期的"学生守则"——《弟子职》规定：在课堂上，"若有所疑，奉手问之"；若在路上相遇，学生也需立于道旁，待老师通过后再前行。

实际上，古代也有"教师节"，主要是为了纪念孔子。黄宗羲《与陈乾初论学书》记载：在汉代，每年孔子诞辰日，皇帝会率领文武百官祭拜孔庙，还邀请国子学、太学的经师入宫，统一宴请，"为饮食之客，席间词赋其娱"。唐宋时期，不仅沿袭了祭祀孔子的礼俗，各地还会从学校的教师中选拔成绩突出者，报送朝廷。获"优秀"称号的教师，会得到奖赏和激励。到了清代，在孔子诞辰日这天，朝廷会给各个书院、学府教师"加薪"，成绩卓著者还能"升职"，最高被授予八品职衔。据《帝京岁时纪胜》载，北京民间在当天"禁止屠宰，祭文庙，各书室设供，师生瞻拜"，重视程度可见一斑。

二、成人之礼

我国古代非常重视"成人"礼仪，注重发挥其在人们世界观、人生观、价值观形成中的教化功能。我们今天开展青少年人格养成教育，可以认真研究传统"成人"礼仪，借鉴其合理成分，使之实现创造性转化、创新性发展。

（一）孔子和早期儒家学者的"成人"观

孔子和早期儒家学者常常提到"成人"这一概念。孔子强调"仁"。在他看来，有仁德是做人的前提，是"成人"的基本要求。懵懵懂懂的孩子是自然人，不是具有社会义务和责任意识的"成人"。人要"成人"，就应当"仁"。所以孔子说："仁者，人也。亲亲为大。"同时孔子认为："君子不可以不修身；思修身，不可以不事亲；思事亲，不可以不知人。"也就是说，人之为人在于有"仁"心，脱离纯粹的自然状态，懂得"修身""亲亲""事亲"。

在孔子和早期儒家学者看来，"成人"首先是"有知识的人"，即对社会有基本认知。但"成人"与"成人之行"又有所不同。一个人有了知识，具备了"成人"的基本素质，然后再接受仁义礼乐教化，才能具备"成人"的德行。孔子认为，具备"知""不欲""勇""艺"等素质，也就是说聪明有智、清心寡欲、勇敢无畏、多才多艺，还不可谓之"成人"。只有见到财利想到道义，见到危难勇于担当，长期困顿却不忘平生之志，这样的人方可谓之"成人"。

孔子和早期儒家学者特别强调礼乐对于"成人"的教化作用，认为仅仅具有某种技能或某方面的素质，并不等于解决了"做人"的问题；没有礼的约束、乐的熏陶，人们不仅不能"成人"，还可能丧失一些原本可贵的品质。

（二）周代"冠礼"与"成人"

孔子和早期儒家学者对"成人"的认识，有着深刻的文化背景。最晚自西周开始，我国就有了比较完备的"成人"礼仪：男子行冠礼，女子行笄礼。一般说来，士人二十而冠，天子、诸侯、大夫的冠礼则相对较早。女子一般十五许嫁，许嫁则笄；如尚未许嫁，则二十而笄。

西周时期的教育体制已经比较系统。当时人们一般在八岁入小学，开始学习洒扫、应对、进退之"节"，及礼、乐、射、御、书、数之"文"。这些都是基本的知识与技能。到十五岁时，贵族子弟、民之俊秀都要入大学，由老师教之以穷理、正心、修己、治人之"道"。一个人经过十几年的学习，才能由少年而成青年，由不谙世事的孩子变成能够承担社会义务的成年人（见图2.2）。

图2.2　中华礼仪舞蹈晚会《期颐》中的冠礼片段（总导演：唐丽娟）

男子行"冠礼",标志着"成人"阶段的开始。"冠礼"的意义在于"弃尔幼志,顺尔成德",即抛弃孩子气,形成和巩固"成人"的德行。行"冠礼"之后,人们开始享有"成年人"的权利,并对婚姻、家庭和社会尽自己的义务和责任。因此,"冠礼"是对人们"成年"的认可,是人们正式步入"成年人"行列的标志。

礼有"礼仪"与"礼义"的双重含义,有形式与内容的区分。成为"成人",不仅要能够行"礼仪",还要自觉以"礼义"约束自身。《礼记·冠义》指出:"凡人之所以为人者,礼义也。礼义之始,在于正容体,齐颜色,顺辞令。"也就是说,人之为人在于懂得礼义,人在成人之后应当穿着得体、行为得当、言辞和顺,不应再像顽皮的孩童一样什么都不管不顾。《礼记·冠义》又说:"成人之者,将责成人礼焉也。责成人礼焉者,将责为人子、为人弟、为人臣、为人少者之礼行焉。"我国古代社会的基本伦理关系是父子、兄弟、君臣、夫妇、朋友,一个长大成年的人,应当懂得"人义",即做人的基本要求。何谓人义?《礼记·礼运》说:"父慈子孝,兄良弟悌,夫义妇听,长惠幼顺,君仁臣忠。十者谓之人义。"人年满二十,行过"冠礼"之后,便应认同这些人伦、实践这些"人义"。

我国古代士人行过"冠礼"后要依次拜见国君、大夫,受拜见的人往往会有一番教导,这对于刚刚成年的人非常有益。比如,《国语·晋语六》就记载了这样一番意味深长的话:"戒之,此谓成人。成人在始与善,始与善,善进善,不善蔑由至矣;始与不善,不善进不善,善亦蔑由至矣。如草木之产也,各以其物。人之有冠,犹宫室之有墙屋也,粪除而已,又何加焉?"也就是说,刚刚成年的人要谨慎戒惧,一开始就要学习美善之道,进而吸收、增长更多的才德和学识,摒弃不善的东西;如果开始时接触的是邪恶,则会滑向善的反面。善生善,恶生恶,就像草木繁殖,都是一类一类地滋生。人们行过"冠礼"后，就应树立正确的人生方向，形成是非判断能力。就像宫室有墙有屋，房屋可以遮挡风雨，但还需要随时清扫；人有了正确目标，还需要继续修为，随时纠正偏失。显然，"冠礼"所昭示的正确人生路向十分紧要。人要"成人"向善，就应当自觉遵守社会规范，按照礼的标准行事。因此，《左传·昭公二十五年》说："礼，上下之纪、天地之经纬也，民之所以生也，是以先王尚之。故人之能自曲直以赴礼者，谓之成人。"

（三）推动传统"成人"礼仪创造性转化、创新性发展

青少年时期是道德人格养成的关键阶段，也是人生观确立的重要时期。在任何时代，青少年的人格养成教育都十分重要。古人将"成人"礼仪看作青少年人格养成教育不可缺少的一环，其中的合理成分值得我们继承和发扬。

把握传统文化中"成人"观的精髓。例如，孔子之学在很大程度上说是"仁"学，是为人之学。孔子不但围绕"仁"提出了系统的"成人"观，而且他本人就是一位不断"学之、行之、礼约之"的行动者。他的教诲、他的行为，都值得认真研究学习。20世纪20年代，历史学家柳诒徵在《论中国近世之病源》一文中说："今日社会国家重要问题，不在信孔子不信孔子，而在成人不成人，凡彼败坏社会国家者，皆不成人者之所为也。苟欲一反其所为，而建设新社会新国家焉，则必须先使人人知所以为人，而讲明为人之道，莫孔子之教若矣。"柳诒徵从学术角度出发，认为当时社会出现的病象正是由于传统"成人"礼仪遗失、孔子之教不行。他的这一见解，从继承和弘扬中华传统美德的必要性、重要性上来说，无疑具有一定的合理性。

在借鉴和创新中加强青少年礼仪教育。我国有着久远而丰厚的礼治传统。礼仪作为礼的形式，体现的是礼的本质意义。世界各地都有形

式不一的成人礼。近年来,我国不少地方将成人礼作为青少年教育的重要内容。传统的"成人"教育注重礼的内涵,注重通过礼仪的形式使青少年理解做人的真谛。借鉴和创新传统"成人"礼仪,开展符合时代要求和当代青少年成长实际的礼仪教育,对青少年的道德人格养成及人生观形成具有重要意义。应采取具体措施,组织力量对关乎青少年成长的礼仪教育进行深入研究。在充分酝酿论证的基础上,制定具体的规范,使成人礼等相关礼仪成为青少年人格养成教育的有机组成部分。作为成人仪式的一个重要环节,成人礼不必孤立进行,可与相关礼仪(如入学礼、成童礼等)结合进行,与相关素质教育相结合。同时,在进行青少年"成人"教育时应特别注重师德教育,使教师不但能够"授业""解惑",而且善于"传道",真正做到"学为人师、行为世范"。

三、传统礼仪的现代表达

中国是礼仪之邦,衣食住行,宴饮坐卧,礼仪无处不在。2020年年初,新冠肺炎疫情暴发,来势汹汹。全民共克时艰,静待疫散花开。期间,人们最关心的莫过于如何既保护自己,又正常工作、生活。其实,在古代传统礼仪中,也处处体现着防疫的智慧。

(1)揖礼。相较国际通用的握手礼,中国古人传统的揖礼更悠久,也更有历史底蕴。甲骨文上记录的象形"人"字,就是由揖礼的人演化而来的。

揖礼,是古时汉民族的相见礼,是颇具中国特色的一种问候礼仪。"揖礼"源于周代以前,于今已有3000多年的历史。武王伐纣灭商而建立周朝,武王死后,其子周成王年幼即位,由叔叔周公旦摄政,采取了许多措施来巩固政权,周公旦建立了周朝的各项典章制度和礼乐制度，确立以宗法制度为中心的政治体制。在此之后"揖礼行于天下"。"揖"就是以站立姿势、不用跪拜的礼节。

据《周礼》记载，"揖"以站立姿态，行礼时，双手合于胸前，男生左手在外，右手在内，女生则相反。根据双方地位和关系，作揖有时揖、土揖、天揖、特揖、旅揖、还揖等。时揖：通常是地位相同，同一级别的人；土揖：面对职务比自己低的人；天揖：位尊者，表达尊重；特揖：一个一个地作揖；旅揖：按照等级，分别作揖；还揖：向左右两侧分别作揖（见图2.3）。

图2.3 作揖礼

男生左手在外，女生右手在外，为吉礼；反之则为凶礼，这是古代行吉礼和凶礼最重要的区别。古人见面拱手作揖，一般在一米开外，保持一定距离，无形中降低了疾病传染风险，且显得有礼有度。所以很多礼学专家都认为，揖礼不仅是最体现中国人文精神的见面礼节，而且也是最恰当的一种交往礼仪。

腰带是束腰之带，带钩或可以带扣系结，多余部分下垂，谓之"绅"也称之"绅带"长度多为三尺（1尺约等于33厘米），自然下垂腰间，东汉《说文解字》提道："绅也。男子鞶带，妇人带丝。"东汉时期腰带无尊卑之分，至隋朝才有一定的等级区分。在古代人的意识中，如果不系腰带是非常不礼貌的行为。

下面介绍揖礼的行礼方式。

第一，天揖（双手上举于前额斜上方）。在祭祀、举行成年礼仪式等正式场合中，对尊长行此礼。男子行此礼时，身体站立，脚小八字位，收腹提臀，双手合抱于胸前，手肘微微弯曲，五指并拢，男子左手在外，女子右手在外，推手时，双手缓缓高举，位于眼角斜上方，然后俯身约60度，缓缓起身，眼睛跟着手的方向看去。恢复站姿，眼睛看向正前方（见图2.4）。

图2.4 天揖

第二，时揖（双手平举，于前胸推出），古时同辈在日常见面或告别时的礼仪。男子行此礼时，身体站立，脚小八字位，收腹提臀，双手合抱于胸前，手肘微微弯曲，五指并拢，男子左手在外，女子右手在外，双手从胸前平推出去，微微俯身，然后缓慢起身，恢复站姿，眼睛看回正前方（见图2.5）。

图2.5　时揖

古人在作揖"打招呼"时说什么呢？据古籍记载，其实其与现代社会差不多，如兄台、兄弟；女子可道"万福"，或者不说话。如果在唐朝，还会以"唱喏"的形式出现。

第三，万福礼。"万福"二字出自《诗经》，《小雅·蓼萧》中有"万福攸同"，《小雅·桑扈》中有"万福来求"，表示福气多多，好运连连之意。女子双手放于左腰侧或两手手指相扣放于胸前，身体微微前倾，双手轻微下压一点，双膝盖微曲，据说这个姿态源于唐朝，把以前的女子拜姿改为了上身直立，取名为"女人拜"（见图2.6）。

图2.6 万福礼

到了唐宋时期，女子在行"女人拜"之礼时，口中常道："万福"，意为祝愿对方吉祥如意，福气多多，后来人们改称为"道万福"或"万福礼"，这种称谓沿用至今。

（2）拱手礼。清代学者阎若璩在对《论语》的注释中曾提及，"古之揖，今之拱手"。不过，拱手礼与揖礼并不完全相同。

拱手礼仅仅是双手抱拳前举而已，而作揖则需要配合两臂的上下等方向性的动作，正式的作揖还要鞠躬，后来揖礼简化，变成拱手，而拱手与作揖也就经常混用了。《论语》中有"子路拱而立"的记载，所以拱手礼是作揖的另一种形式，手的要求和揖礼是一样的，也是中国最具特色的见面礼。

拱手礼的行礼姿势：双腿站直，上身直立或微微俯身，男生左手在外，右手握拳在内，双手抱于胸前，有节奏地晃动两次，并微笑着说出问候。女生手位则相反。不论与何种级别的人见面，都可以用拱手礼（见图2.7）。

图2.7　拱手礼

东方文化讲究以人与人之间的距离来表现出"敬"和"尊重",以自谦的方式来表达对他人的敬意,这种距离不仅散发着典雅的气息,而且也比较符合现代卫生要求。百年来,随着西学东渐,传统的"拱手礼"被来自西方的握手礼取代。随着中华民族文化复兴,传统礼仪也日益受到人们的重视,并重新回到人们的生活中。

此外,今人一直呼吁大家"勤洗手"以保持个人卫生,古代同样如此。《礼记·玉藻》中记载:"日五盥。盖谓洗手不嫌频数耳。"说的是每天要洗五次脸,而洗手的次数是越多越好。

(3)广袖掩鼻,遮挡飞沫。事实上,最早中国古人穿着的衣服是紧袖子的,从安阳殷墟妇好墓出土玉雕人像得知,商代衣着为上衣下裳制,上穿交领窄袖式短衣,衣上布满花纹,是紧袖子的,直到西周中期才开始流行宽袍大袖。而后来,古人的服饰可以分为礼服和常服类,他们有短打制式的衣服,比较收身,利于活动和工作,而穿宽袍广袖要么是有重大活动,要么是士族豪商为了体面和显示身份的。说到袖子,很多人会认为,古人把东西都藏进袖子里,所以大袖是用来装东西的。这个说法有些片面,因为不是所有汉服的袖子都可以装东西,一般来说只有琵琶袖才可以在里面放东西,垂胡袖也可以放一些,但窄袖、剑袖、直袖、方袖是无法放东西的,广袖也很宽大,却也放不了东西。但说话时习惯性地用广袖掩鼻,却可以很大程度地减少飞沫的传播。从"掩涕""掩面""掩泣"等词语可以看出,在古代生活习俗中,宽大的衣袖真能当毛巾、手帕,用来拭泪、擦汗、遮面、挡阳等。"掩袖工谗"说的就是一个以袖掩鼻的故事。当然,宽袍广袖今天已无必要,但古人那种互不相扰的公共意识则是必需的。此外,《马可·波罗行记》中提到,"元制规定,向大汗献食者,皆用绢巾蒙口鼻,以防唾沫污染食品",表明元代便有使用"口罩"的习惯。值得一提的是,古人自称必谦,称人必尊,绝不会高声喧哗大叫,还有"食不语"的礼俗，这些都有利于减轻说话时的飞沫传播。

（4）分餐而食，降低风险。由于防疫的需要，"分餐制"的用餐方式开始被提倡。很多人以为分餐制是西方的礼仪，但其实，我国很早就有分餐而食的传统。比如，《周礼》记载："设席之法，先设者皆言筵，后加者为席。"古人席地而坐，筵和席都是宴饮时铺在地上的坐具，筵长、席短。铺设好坐具后，作用类似小餐桌的"案""几"等分别放置在筵席之上，一人一案，西周时期的贵族们按礼仪分开落座、分开进食。两汉时期，分餐制得以继续传承。在汉墓壁画、画像石和画像砖上，经常可以看到席地而坐、一人一案的宴饮场面。有些古代的分餐制度为了突出地位的不同，会根据宾客身份，准备规格不同的食物，但也有一些贵族为了表现自己礼贤下士，采取规格相同的食物分餐。《史记》记载："孟尝君曾待客夜食，有一人蔽火光。客怒，以饭不等，辍食辞去。孟尝君起，自持其饭比之。客惭，自刭。士以此多归孟尝君。"意思是，有一次，孟尝君和门客吃夜宵，因为有人遮挡了烛光，一位门客认为孟尝君的食物和自己的不同，于是丢下餐具打算离开。孟尝君发现后，起身端来饭菜和这位门客比较。门客发现食物是一样的，大为惭愧，于是横剑自刎。此后，投奔孟尝君的门客越来越多了。但据考证，到了北宋，合餐制开始出现，最关键的原因是北宋饮食文化的商业化。食材多元、烹饪样式增多，极大地丰富了宋代餐桌的菜色，教坊酒楼、勾栏瓦舍等公共饮食空间的出现，是中国民众饮食文化的一次重要改革。

第二节 传统礼俗及其文化精神

礼俗是传统文化不可缺少的组成部分，其无所不在，无时不有，时时刻刻影响着人们的生活。了解传统的礼俗以及其文化精神，对于了解中国灿烂的文明和当今社会的精神文明建设很有益处。下面以我国传统节日春节为例，进行说明。

作为中华民族的重要传统节日，春节向来颇受关注，关于它的研究成果也很丰富，有的描述其过程，有的介绍其礼仪，有的探讨其影响，角度不同，内容多样。这些都为人们更全面地了解春节扩展了视野、提供了帮助。然而，春节到底是从什么时候开始的？它是如何演变的？我们应如何把握其文化精神？这些问题仍然有待深入探讨。

"春节"一词，最早见于汉代扬雄撰、晋代范望注的《太玄经》卷一之《差》的注文中。其略云：行属于火，谓之差者，立春节……当然，《太玄经》所谓"春节"还不是我们今天作为一年开始的正月初一，而是二十四节气中的"立春"这个节气。由于这个节气标志着阳气由弱而强、由衰而盛的转折，古人对其特别重视，而后逐渐延展开来，形成了系统的历法礼仪。

关于"月正"问题，史上有不同描述。汉代孔安国传、唐代孔颖达疏的《尚书注疏》卷三记载了三国时期王肃的看法："殷周改正，易民视听，自夏以上，皆以建寅为正。"意思是讲，殷、周改了历法，只是为了让人们一新耳目，其实在夏朝以前都以正月建寅。王肃所谓夏朝以前，到底可以推到什么时代？孔颖达等经学家们推到了尧舜；但司马迁《史记·五帝本纪》有言：黄帝乃"顺天地之纪"，《史记正义》进一步说"顺天地阴阳四时之纪"。根据《尚书·洪范》的解释，"历数"就是历法，具体而言即推算岁时节气的次序。如何推算？从现有史料看，也就是通过天干、地支的组合，来标识年月日时。张守节《史记正义》尚称，"黄帝受神策，命大挠造甲子，容成造历"。由此可见，以天干、地支为组合元素的历法模式产生于黄帝时代是有案可稽的。既然如此，也就有了每年的"元日"或"岁旦"。尽管今天我们难于知晓黄帝时期如何命名岁首,但那个时代创造的历法模式却为后来的春节礼俗奠定了基础。

关于春节的礼俗,无论是经典文献,还是地方志书,都有大量记载。如《吕氏春秋》卷一《孟春纪》称:立春之日,天子亲率三公、九卿、诸侯、大夫,以迎春于东郊;还乃赏公卿、诸侯、大夫于朝;命相布德和令,行庆施惠,下及兆民。庆赐遂行,无有不当。乃命太史守典奉法,司天日月星辰之行,宿离不忒,无失经纪,以初为常。是月也,天子乃以元日祈谷于上帝;乃择元辰,天子亲载耒耜措之,参于保介之御间;率三公、九卿、诸侯、大夫躬耕。帝籍田,天子三推,三公五推,卿、诸侯、大夫九推。反执爵于太寝,三公、九卿、诸侯、大夫,皆御命曰劳酒。

以上这段话主要讲了三件事:第一,在立春节气,天子亲自率领朝廷要员,到京畿东郊去举行"迎春"祭典。东郊祭祀完毕,天子赏赐参加祭祀典礼的官员,发布蕴含阳德与柔和精神的指令,广泛布施,惠及百姓。第二,诏命太史官保管好文献经籍,制定历法。要求太史官仰观天象,明了日月星辰的运行轨迹,使历法的制定准确无误,让星象位置与运行周期的记录成为往后的遵循。第三,在正月元日,举行开春的"籍田"典礼。其目的是祈求上天赐予五谷丰登。"籍田"仪式之后,天子率众回到太寝祖庙,赐酒予众官,开怀畅饮。从其叙述的语境来看,立春可能是前一年的十二月,从那一天开始,一直到正月元日,朝廷举行了一系列的典礼活动。

《吕氏春秋》上述记载的是先秦以前的情况,反映了上古社会对农耕的高度重视。秦汉以来,随着社会经济的发展变迁,古老的"籍田"仪式逐渐淡化,而"岁旦"之日的礼仪则不断增加新内容。尤其是从汉代开始,岁旦节庆逐渐体现出道教的文化色彩。南北朝时宗懔撰《荆楚岁时记》提到了正月一日,要有"爆竹""桃板""门神"

等。唐代的韩鄂撰《四时纂要》卷一也有类似记载，其中所谓"爆竹"，首见于《神异经》，该书旧题东方朔撰，此人被道教列入仙谱，《列仙传》《历世真仙体道通鉴》均有东方朔之传，故其书所言"爆竹"当出自道教。道教的桃符也逐渐演变为书写祝语的楹联，成为先民们过年时避凶迎祥的象征。在桃符、爆竹流行的过程中，道教承袭于远古的灶神信仰、玉皇大帝信仰以及体现"天地水"崇拜的"三官信仰"也在民间社会扎根。过年前的"送灶神"、过年后的"迎灶神""接财神"、正月初九的"天公节"，以及正月十五的"元宵节"都有着道教文化烙印。汉代以来的"灶神"，被道教奉为"司命灶君"，主管着家家户户的命籍，攸关生死存亡；道教的玉皇大帝成为正月初九"天公节"仪典中的主要祭拜对象；作为春节仪典尾声的"元宵节"同时也是道教祭拜"三官大帝"的上元节。

如何看待春节礼俗？站在不同角度、不同立场，会有不同的认知。当我们回溯历史的时候，就会发现：古老的春节礼俗不仅经过了漫长历程，而且蕴含着深邃的文化精神，这些文化精神对于当代社会的人格完善、国家治理等依然具有现实意义。概括起来，主要有如下方面：

感恩。远古时代，天子为什么要率领百官到郊外去祭拜天地？因为天地生养万物，万物就是衣食父母，人通过汲取万物滋养而生存，这是根本所在。《吕氏春秋·本生》说："天子之动也，以全天为故者也。"意思是讲：天子的所有行动都是为了保全天生的各种存在物，包括动物、植物。从这个角度看，上古时期的岁旦郊祭，即天子为天下做出表率，像儿女报答父母养育之恩那样报答天地的恩情，实际上也是保护生态的一种宣示，更是一种符号象征。

祈福。从生存角度讲，平安健康是人类的第一需要，我们的先民对此不仅有足够的认识，而且付诸行动。《吕氏春秋》所讲的"无失经纪，以初为常"，就是要通过观察，了解日月星辰的运行规律和四季变化的节奏，以便有所遵循，从而平安而健康地生活。燃爆竹、置桃符、画门神、贴春联等习俗，也是人们对平安健康、幸福生活渴望的继续。

反省。自上古所形成的祭祀礼俗，伴随着先民们的自我反省。古人在祭祀的时候，要检讨以往的行为，若有过失，就得纠正，上自天子，下至百姓，都是如此。例如《太上灵宝补谢灶王经》说，司命灶君"普知人间之事，每月朔日，记人造诸善恶，及其功德，录其轻重，夜半奏上天曹，定其簿书"，意思是说：灶王时刻监察一家人的善恶举动，故而祭灶就是要懂得忏悔，明白是非功过，多做好事，不做坏事。这在当代仍然具有借鉴和教育意义。

第三节　传统礼仪文化的传承与创新

中国历史悠久，礼在传统社会生活中无处不在，传统礼仪形态丰富完整，是中国宝贵的历史文化遗产。在古今中西的文化激荡中，如何传承优良的传统礼仪文化，如何保持中华礼仪文化的独特性，同时以开放的姿态面对与吸收西方礼仪文化元素，传承与弘扬我们的礼仪文化，是必须面对与思考的现实问题。习近平总书记指出："礼仪是宣示价值观、教化人民的有效方式，要有计划地建立和规范一些礼仪制度。"通过升国旗仪式、成人仪式、入党入团入队仪式等，利用重大纪念日、民族传统节日等契机，组织开展形式多样的纪念庆典活动，传播主流价值，增强人们的认同感和归属感。礼仪关乎人格，关乎国格。中华民族自古就以礼仪之邦著称于世，注重树立礼仪之邦的良好形象。我国历来重视对礼仪的教育与宣传，特别是注重通过礼仪制度褒奖先进，彰显礼仪文化的时代价值。

一、中国传统礼仪文化的当代价值

礼仪文化可概括为,以礼仪为内核的人类的精神和物质体系的总称。中国传统礼仪文化是指五四运动前人们所遵守的各种礼仪规范以及与礼仪有关的各种物质和精神文化的总称。中国传统礼仪文化的当代价值主要有三方面。

第一,促进理想人格的形成。传统礼仪文化通过约之以礼、行之以礼以及重礼贵和,促进理想人格的形成。约之以礼强调以礼治国、以礼立身,重在为社会个体成长创造良好的环境;行之以礼则强调人们相处时要用礼和守礼,重在培养人们尊崇礼、安于礼、行依礼;重礼贵和重在强调以礼处理各种社会矛盾和纠纷,从而达到修己安人的目的。

第二,宣扬人类共同价值追求。传统礼仪文化中的诚信、尊重、和谐等都有效地向世界宣扬了中国人崇尚礼仪文明的精神追求,使人类达成共同价值追求。

第三,弘扬孝文化。在全球人口老龄化以及我国日趋严重的社会养老形势下,传统礼仪文化弘扬的"孝道"逐渐延伸出"关爱老人就是关爱自己"等尊老养老的道德理念,传播孝道和养老已成为政府、社会、家庭的共有责任,孝文化也因此形成。

二、传统礼仪文化的传承之道

实现中国传统礼仪文化当代价值需要传承与创造性转化。传统礼仪文化随着时代和社会的变迁与发展,其礼仪规范中的一些繁文缛节和个别内容已不适应现代社会,因此,需要在顺应现代民主政治、先进文化、技术革命等新形势下创造性地进行传承和转化。传统礼仪文化的传承和现代转化，最基本也最行之有效的方法便是回归家庭、学校、社会，并且融入生活的方方面面，让传统礼仪文化与现代礼仪形成不相排斥、相互兼容的良好关系。以家庭、学校和社会为载体的传统礼仪文化教育，我国不少发达城市已有实践，比如上海市文明办围绕培育和弘扬传统礼仪文化，与上海市妇联等相关部门密切配合，在全市开展了中华优秀传统文化礼仪大赛和"征集好家训、评议好家风、寻找好家庭"等活动，同时也进行了媒体宣传、网络评议、微信互动、专家访谈、档案展览等活动，获得了社会各界的热烈反响。大型活动的举办，有效地在现代礼仪文化中融入了传统礼仪文化的精神内涵，使得传统礼仪文化在城市文化传播中有了一定的影响力。

实现中国传统礼仪文化当代价值需要创新性发展。一方面，需要内容创新。中华优秀传统文化是社会主义核心价值观的重要源头，弘扬中华优秀传统文化可以展示社会主义核心价值观的底蕴与内涵。"仁义礼智信"是中华传统礼仪文化的核心价值观，也是社会主义核心价值观的重要源头。因此，在传统礼仪文化的创新性发展中，必然要对其内容加以创新。国家层面，需建立"五个文明"建设的新秩序、新规范，倡导以礼治国，在创新传统礼仪文化内容中需遵循"富强、民主、文明、和谐"的基本要求；社会层面，需以礼仪精神保障公民基本权利，为健全平等意识创造环境，遵循"自由、平等、公正、法治"的环境要求；个人层面，需不断加强自身道德品质建设，以"爱国、敬业、诚信、友善"为定律要求。另一方面，需要渠道创新。古代对传统礼仪文化的传播主要是依靠学校启蒙和家庭言传身教，但在当代社会生活中，仅依靠两个传播渠道显然不够，还需持续进行创新。首先，要推动世界文化交流，让中华传统礼仪文化走向世界；其次，要借助现代新型传播渠道，对传统礼仪文化和社会主义礼仪文化加以传播。

实现中国传统礼仪文化当代价值需完善教育机制。在家庭教育方面，需对传统孝道和家庭礼仪规范进行现代转化，以言简意赅、易于理解接受的形式在家庭中推广传统家规、家训、家风的当代价值。这点可从新一代城镇家长入手，提倡到家庭中传播家庭伦理道德手册，必要时还需要社区加入，社区工作人员应深入居民家中，传播遵守家庭伦理道德的必要性以及在日常生活中该如何践行。在学校教育方面，政府应将传统礼仪文化与社会礼仪文化的双向传播理念，输入到各中小学及高校，加大学校对传统文化的经典教育。在社会教育方面，在政府的引导下，地方龙头企业、非营利组织等社会组织，有必要担起组织和开展讲学劝学活动的重任，面向广大社会群众，在当地兴办书院和开展道德教化活动，以开展礼仪规范教育。

礼仪是中国传统文化本源意义上的主流，由上古社会承袭沿革而来的传统与繁复的礼仪体现了尊卑秩序。随着时代的发展，人与人、国与国交往日益频繁，世界各地的礼仪不断地融合与发展，我们要了解符合时代精神的礼仪知识，要明白对优秀传统礼仪文化的学习是非常重要的，而礼仪的核心是"人"，它在新的时代、新的社会条件下被赋予中国当代文化的内涵与意蕴，是"根"的文化。

第3章 现代礼仪

中华民族在五千年的历史长河中，创造了灿烂的文化，形成了高尚的道德准则、完整的礼仪规范和传统美德，被世人称为"文明古国""礼仪之邦"。现代礼仪与古代礼仪有很大不同。古代礼仪是人们约定俗成的，对人，对己，对鬼神，对大自然表示尊重、敬畏和祈求等思想意识的各种惯用形式和行为规范。现代礼仪是人们在社会交往活动中，为了相互尊重，在仪容、仪表、仪态、仪式、交际等方面约定俗成的、共同认可的行为规范。简单说，礼仪就是律己、敬人的一种行为规范，是表现对他人尊重和理解的过程和手段。

第一节 仪容之礼

仪容整洁美观是最基本的文明礼仪，是一个人自爱和敬业的表现。仪容在人际交往中实际意义往往胜过语言，可以反映一个人的修养和内在品质，甚至体现个人身后所代表的家庭、单位、城市等更丰富的内涵。

仪容，通常指的是人的仪表和容貌。其中的重点，则是指人的容貌。在人际交往中，仪容是给人留下第一印象的重点，继而会影响到他人对自己的整体评价。

一、基本要求

1. 整洁

整洁卫生，是讲究仪容礼仪的第一要务。要讲究个人卫生，做到勤洗手，常剪指甲，以免藏污纳垢；坚持早晚刷牙，餐后漱口，保持口腔卫生；坚持勤洗澡，勤换衣，勤梳洗头发，保持耳、鼻、眼角、嘴角的清洁卫生。男性要定时剃须，修剪鼻毛；女性要注意掩饰腋毛。

2. 自然

自然是仪容美化的最高境界，它追求一种真实而富有生命力的效果。虽精心妆饰，却似无妆。正确地使用化妆、修饰技巧及合适的化妆品，浓淡相宜，体现层次，井井有条。值得一提的是，仪容应与其职业形象相吻合。男性不需过于修饰，整洁干净就行；女性不可浓妆艳抹，淡妆即可。

3. 简约

仪容上追求简约，就是在日常工作中，不要刻意地精雕细琢，一切以朴实自然为出发点。如发型应当庄重，头发的颜色不宜艳丽；男性不剃光头、不留长发、不束发；女性不提倡披肩发，不理时髦怪异的发型。简单来说，就是妆容修饰应适当。

4. 协调

追求仪容协调，首先要体现端庄稳重的风格；其次要注意仪容与所处场合的气氛相协调，女性日常办公时可化淡妆，参加重要活动，如庆典、宴会时，则可根据场合要求装扮；最后，不论任何妆容，都要注意妆面的色彩和浓淡搭配,要与自身的面部特点整体协调,要使化妆、发型、服装达到整体完美的效果。

二、注意事项

女性不得在公众场合弯腰整理鞋袜,更不能整理裙裤,不可随意甩头发、梳理和展现自己的发式。与人谈话时应保持一定距离,声音不要太大,不要对人口沫四溅。坏习惯应该及时改掉,例如在与别人谈话时不停地剔牙齿、掏鼻孔、挖耳屎、修指甲、搓泥垢,以及坐在椅子上双腿不停地抖动、说话带口头语等;还有的人习惯性地在站起来时拍打衣服,整理腰带等,这些都是失礼的表现,要特别注意。

第二节 微笑之礼

人类所有深层次的情感,如喜、怒、哀、乐等都会通过表情的微妙变化表达出来,在人类的所有表情中,最简单也最丰富,同时又最有力量的,莫过于微笑。微笑总有一种神秘的力量。

中国人相信和气致祥。亲和的微笑、动人的语言会给人带来好运。一个人快乐与否,并不在于你处于何种地位,做了什么,拥有什么,而是你的内心是否富足,晚上睡得是否安稳踏实。只要你笑口常开,和善待人,就会获得好运。微笑面对家人,会令家人快乐;微笑面对事业,会令事业兴旺;微笑面对朋友,会令朋友愉快。面带笑容是自信的体现,是礼貌的表示,是坦诚的象征。著名诗人苏轼在《定风波·南海归赠王定国侍人寓娘》中写道:"万里归来颜愈少,微笑,笑时犹带岭梅香。试问岭南应不好?却道:此心安处是吾乡。"诗中的王巩和寓娘，不被风霜侵蚀，面带微笑，更加坚毅地、平和地幸福生活。

平凡的日子中，我们更离不开微笑。当我们微笑面对生活中的一切荣辱得失，微笑着接纳身边每一个人，我们会感受到自己内心的平和与淡淡的喜悦。当我们懂得了微笑，感悟到了微笑的力量，我们便懂得了微笑的魅力。

在人们的日常交往中，微笑是最美的礼仪。

当我们身处一个陌生的环境，微笑是最好的破冰工具，可以迅速拉近人与人之间的距离。微笑的内涵和标准也是非常丰富的，我们对于笑的描写有很多种方式，大笑、微笑、含情脉脉地笑等，但并不是所有的笑都能给别人留下好的印象。如果你不能掌握好笑的尺度和场合，不仅不会带来积极的影响，还可能让对方不适应。那么，什么样的笑才能更好地展现自己呢？

礼貌的笑。和陌生人接触时，一般礼貌地微笑，表示友好。注意微笑时自然大方，自信，眼神微微传递笑意即可。礼貌的笑的重点不在于牙齿和嘴巴，而在于眼睛。发自内心的笑容才能真正打动别人。

热情的笑。热情的笑是需要露出牙齿的，当我们展示出这种笑容，就代表我们非常认可对方，释放出愿意与对方进一步交往的信号。用这种露齿的笑容表达自己的坦诚和友善，从而获得他人的信赖（见图3.1）。

图3.1　热情的笑

开心的笑。开心的时候,我们会张大嘴巴哈哈大笑。但是,张大嘴巴大笑的时候,一定要注意场合。在一些正式场合,我们要学会控制自己的笑容,不能毫无顾忌,要笑不露齿。与家人在一起时,往往笑得最开心(见图3.2)。

图3.2　开心的笑

值得一提的是,不要一边含着食物一边笑,如果实在忍不住,一定要用手挡住嘴。

在日常生活和工作中,微笑至关重要,请时刻记住把微笑挂在脸上。正确的微笑有下面几点礼仪要求。

一、微笑的要求

1. 微笑是动态的

微笑是人类所有表情中最美的一种。每个人都会有一个瞬间的微笑，但如果将这个瞬间定格，就失去了表情的灵动性，失去了生气。所以，正确的微笑应该体现出动态的特点。其要点在于：

第一，把握微笑的时机。什么时候露出微笑至关重要。一般而言，应该在与交往对象目光接触的一瞬间展现微笑，以示友好。如果与对方目光接触的瞬间仍然延续之前的表情，即使再微笑，也难免让人感觉虚伪和做作。

第二，把握微笑的层次变化。在与人交往的整个过程中，微笑的程度要有所变化，要有收有放。微笑有很多层次，可以浅浅一笑，眼中含笑，也可以热情地微笑，开朗地微笑。

第三，注意微笑维持的长度。在与别人交谈的过程中，为了表达良好积极的情绪，展现自信和涵养，我们应该始终保持微笑，但也应该注意微笑的长度。在交往过程中，目光停留在对方身上的时间应该占整个过程的1/3~2/3。在这段时间里，当我们与对方的目光接触时，应该展现出灿烂的笑容。其余的时间，我们应该适当地将笑容收拢，保持亲和的态度即可。

2．微笑是自然的

很多人觉得中国的礼仪习惯是笑不露齿；还有人认为标准的微笑要露出6~8颗牙齿。其实，微笑是一种个性化的表情，不应该用技术化、标准化的形式将它格式化，那样是不符合礼仪的。微笑之美在于优雅、适度、亲切、自然。微笑要诚恳和发自内心，做到"诚于中而形于外"，切不可虚情假意，皮笑肉不笑。

3．微笑是协调的

微笑是人的眉、眼、鼻、口、齿以及面部肌肉所进行的协调行动。发自内心的微笑，会自然而然地调动人的五官：眼睛微微眯起，眉毛微微上扬并稍弯，鼻翼张开，脸肌收拢，嘴角上翘。只有做到眼到、眉到、鼻到、肌到、嘴到，微笑才会亲切可人，打动人心。

二、微笑练习

人们常说爱笑的女孩运气一定不会太差，然而并不是每一个人生来就爱笑，还有很多人一笑起来面部表情就十分僵硬，不协调，那么，应该怎么练习标准式微笑呢？

其实，微笑也是需要练习的，明星们经常通过镜子来练习迷人的微笑。电视中的女主角，无论是微笑还是露齿笑，都是最完美的笑容，甚至连露出几颗牙都能精准控制。我们要想笑起来有魅力，需要努力练习，这样才能找出自己最理想的微笑表情。

大部分人很难做到，并不是天生条件差，而是唇部肌肉缺乏锻炼，比较僵硬，如果勤加练习，每个人都有机会练就迷人微笑。（见图3.3）

图3.3　微笑练习

1. 微笑练习要领

（1）放松唇部肌肉。

微笑时，唇部肌肉一定要放松，如果唇部肌肉僵硬，那么微笑也是僵硬的，即所谓的"僵笑"，那是不优美的微笑，甚至给人"很假"的感觉。我们可以试着一个音一个音地练习，从do，re，mi，fa开始，直到高音do。不是连着念，而是大声且清楚地将每个音重复三次，尽量使嘴型保持圆满，以有效地放松唇部肌肉。

（2）锻炼嘴角弧度。

门牙轻轻地咬住木筷子。把嘴角对准木筷子，两边都要翘起，观察连接嘴唇两端的线是否与木筷子在同一水平线上。保持这个状态10秒。

（3）训练保持微笑。

找到最满意的微笑以后，试着对着镜子，训练自己维持相同笑容至少30秒。如果你容易笑僵，或者笑容尴尬，更要加强这一阶段的训练。

（4）修正微笑。

如果认真地进行了微笑练习，但笑容还是不那么完美，那就要考虑眼神等其他部位与唇部、面部的协调配合问题。

现在很多年轻人不喜欢微笑，常常用社交软件中的微笑表情代替微笑。但很多人认为，"微笑"表情并不亲切，只是嘴角翘起，眼睛没有变化，好像是皮笑肉不笑。据调查，在网络聊天中，仅26.5%的受访者经常使用"呵呵""嗯""哦"等词语或"微笑""再见"等表情，而31.5%的受访者认为使用上述表情或词语是不礼貌或冷漠的，更有受访者表示"'微笑'表情后来成了冷漠的表达"。

南方医科大学心理系副教授肖蓉说，笑看似简单，其实有不同形式。聊天时，为了表达愉悦，常有"微笑""大笑""憨笑""捂嘴笑""可爱笑"等。"微笑"为笑不露齿，双唇紧闭，目视前方；"大笑""憨笑"时嘴巴大开，眼睛眯成弧形；"捂嘴笑""可爱笑"时眼睛也眯了起来。

发自内心地笑时，脸部有两块肌肉参与：一是颧大肌，位于两侧脸颊，它可将嘴角向两侧拉伸、向上提起，"苹果肌"也就鼓起来了；二是眼轮匝肌，位于眼周，很多表情中都有它的身影，比如厌恶（眼睑挤压）、愤怒（下眼睑绷直），在笑容中，这个肌肉也必不可少，使下眼睑凸出、变短、向上提升。在这两块肌肉的协同运动下，一个真诚的笑容会"下眼睑提升、凸起""嘴角上提"，笑脸是"嘴角翘起、苹果肌鼓起、眼睛眯起"的模样。而且，眼睛眯起的程度与开心程度成正比，比如微笑时，嘴角稍稍抬起，眼睑微微闭合；大笑时，嘴角抬到最大限度，眼睑会完全闭合。总而言之，真笑时，"嘴巴笑，眼睛也笑"。

但网络表情中的"微笑"很特别，其仅仅是嘴角翘起，而眼睛没有出现变化，即"嘴笑，眼不笑"；且视线向下，与"再见""难过"表情的眼睛完全一致，给人"皮笑肉不笑"及"抑制"笑容的感觉。人们抑制笑容时，需要控制唇周肌肉，会抵消掉大部分颧大肌的运动，让人觉得"笑得很假"。

"微笑"表情的"尴尬""不礼貌"在年轻群体中已心照不宣，但如果中老年长辈用"微笑"表情，大家也不必琢磨其中深意。因为年长者微笑时，往往希望自己看起来更加庄重，也常会出现"抑制"痕迹，网络聊天时，他们也就更偏向于使用看起来更加"严肃"的"微笑"表情。

（5）微笑中的眼睛。

眼睛是心灵的窗户。烁烁发光的眼神和黯然失色的眼神表达了一个人不同的精神和生活状态，一切尽在眼里。

有人说："一个人最好的状态，是眼里写满了故事，脸上却不见风霜。穿上喜欢的衣服，不羡慕谁，也不依赖谁。只是悄悄地努力，吞下了委屈变大了格局。"面带微笑，眼里有光，努力活成自己喜欢的样子。一个人的魅力，不在于你的年龄，而在于那种气定神闲的微笑，宠辱不惊的淡定，以及风过无痕的从容。

　　落花随春去，余香伴夏来。在四季更迭中，修炼自己的内心，接纳改变，顺应成长，心态胜过年龄，微笑胜过颜值，携内心的那份恬淡，慢品岁月悠长，嘴角上扬，保持微笑，还自己一个好心情。

　　（6）眼神练习。

　　眼神可以提升整个人的气质和面部表情的表现力，下面介绍几种练习眼神的方法。第一，注意力集中凝视法，即在面前画一个定点，然后眼睛看着那个定点，集中注意力，保持10~20分钟。第二，动态物体观察法，即站在室外观察鸟类或者其他动物，将注意力放在一个物体上，然后跟随它移动的方向移动。第三，眼部转动法，也就是说，保持眼眶或头部不动，只转动眼球，上下左右上下，依次训练。除此之外，日常还要多吃胡萝卜、西红柿、葡萄、红枣等蔬菜、水果及动物肝脏，对预防近视有益。眼睛与手机和电脑的间距应在30厘米左右，多看一些绿色植物，养成良好的用眼习惯。

　　（7）眼神注意的时间。

　　当两个人的目光直接接触时，不要超过四秒钟，不然，其中的一方就会觉得有压力，爱人除外。我们可以通过转移视线，再回到对方的眼神上来化解尴尬。另外，要注意看对方眼神的角度，眼神注视的角度不同，传递的感觉也完全不同。如果抬头，用眼睛俯视对方，会给人一种很高傲的感觉；相反，头比较低，从眼神向上看对方的时候，往往就会让别人觉得你不自信。所以，只有当我们把头摆正，用眼睛正视、平视对方的时候，这样的眼神才能让人感到平等与自信，能更好地将我们的善意传递给对方。可以说，眼神是微笑中最传情的礼仪。

2. 微笑练习要克服的问题

　　（1）嘴角上升时歪斜。

　　微笑时两侧的嘴角不能一齐上升的人很多。这时利用木制筷子进行训练很有效。刚开始会比较难，但若反复练习，就会形成优美的微笑。

（2）笑时露出牙龈。

微笑时露出大部分牙龈的人，往往笑得不够优美，但可通过嘴唇肌肉的训练改善。首先，可以从不同角度尽情地微笑，挑选最满意的笑容；然后，确认露出了多少牙龈（露出2毫米左右的牙龈就很好看）。最后，照着镜子反复练习。

3. 微笑需要整体协调

（1）微笑与口眼结合。要口到、眼到、神色到，笑眼传神，微笑才能打动人心。

（2）微笑与神情气质相结合。"神"就是笑得有情入神，要做到情绪饱满、神采奕奕，能感染他人。"情"就是要笑出感情，不要"皮笑肉不笑"。"气质"就是笑出谦逊、稳重，笑出自己的良好气质。

（3）微笑与语言相结合。语言和微笑都是传播信息的重要符号，只有将微笑与语言有机地结合起来才能声情并茂，使二者相得益彰。

（4）微笑与仪表、举止相结合，以笑助姿。举手投足间不经意的一个微笑是非常有魅力的，身姿绰约，微笑无疑是最好的装饰品。尽管微笑有其独特的魅力和作用，但若不是发自内心的真诚微笑，也难以打动人。有礼貌的微笑应是内心真实情感的表露。

微笑是一门学问，是一种艺术，是一种人尽皆知的世界语。交往中的微笑是对人的尊重、理解和奉献，是增进友谊的纽带，它如润滑剂，可以化解一切，升华一切，微笑并不费力，却会产生无穷魅力。微笑是人与人相互交融、相互感染的过程，它能创造一种融洽、和谐、互尊、互爱的气氛，减轻人们的身心压力，消除人与人之间的陌生感，使人产生心理上的安全感、亲切感和愉悦感，从而增进彼此之间的理解和友谊。

第三节　修饰之礼

修饰礼仪是塑造、维护个人形象的礼仪规范，它是一种文化，反映一个民族的文化素养、精神面貌和物质文明发展的程度。

一、着装礼仪

着装是一门艺术，正确得体的着装，能体现个人良好的精神面貌、文化修养和审美情趣。公务场合着装要端庄大方；参加宴会、舞会等应酬交际则应突出时尚个性；休闲场合穿着舒适自然装。着装具有极强的表现功能，在社交活动中，人们可以通过服饰来判断一个人的身份、地位、涵养，其在一定程度上体现了一个人的修养与素质，它就像一张"名片"，折射出一个人的性格、气质、品位，传递出一个人的身份、地位、职业等信息。着装可展示个体内心对美的追求、体现自我的审美感受，增进一个人的仪表、气质，是人类的一种内在美和外在美的统一。衣服不会说话，却能告诉别人，我是谁，及时更新自己，来匹配最美好的今天。要想塑造一个真正美的自我，首先就要掌握着装打扮的礼仪规范，通过和谐、得体的穿着展示自己的才华和美学修养，以获得更高的社交地位。

1. 服饰搭配基本要求

（1）整洁合体。保持干净整洁，熨烫平整，穿着合体，纽扣齐全。

（2）搭配协调。款式、色彩、佩饰相互协调。不同款式、风格的服装，不应搭配在一起。

（3）体现个性。与个人的性格、职业、身份、体形和肤色等相适应。

（4）随境而变：着装应该随着环境的不同而有所变化。同一个人在不同时间、不同场合，其着装风格也应有所不同。

（5）遵守常规：遵循约定俗成的着装规矩。

2．具体着装

（1）男士西装。

西装是男士的经典服装，彰显男士的庄重和潇洒。在正式场合，男士穿西装套装表示郑重。男士西装穿着十分讲究，表明了一个人对工作、生活的态度和品位。男士西装按西装上衣的纽扣排列来划分，分为单排扣西装上衣与双排扣西装上衣，其版型也很多，主要有四种：欧版西装、英版西装、美版西装以及日版西装。穿西装时，首先，衬衫袖子的长度与领子的高度应比西装上衣的袖子稍长，领子稍高，这样的衬衫才是与西装最般配的（见图3.4）。

图3.4　男士西装

领带（领结）是西装的灵魂，在西装的穿着中起着画龙点睛的作用。领带打好之后最标准的长度，是上面宽的一片略长于底下的一片，其下端的大箭头正好抵达皮带扣的上端。穿一粒扣西装时，根据情况决定是否系扣；穿两粒扣西服时，可只系上面一粒扣，表达郑重，也可随意一些，不系扣；穿三粒扣西装时，如果出席重要场合或是拍照，应系上面两粒。穿双排纽扣的西装，应把全部扣子都扣上。坐下做事情、用餐或户外活动时，可以将西装上衣的扣子解开，等站立起来时再扣上。穿西装时需要特别注意以下两点：第一，西装外衣口袋和裤子口袋都是装饰性口袋，应不装或少装物品；第二，穿西装，一定要搭配皮鞋，光亮的皮鞋会给人留下良好的整体感觉。

（2）女士西装。

在重要会议和会谈、庄重的仪式以及正式宴请等场合，女士着装应庄重得体。此时西装套装是首选。合体的西装能表现出女性流畅柔美的线条，展现优雅气质。美观大方的西装套裙，常常是品位高雅的选择。但切记，皮鞋、皮包、发型、妆容与西装搭配适宜，否则就会显得不伦不类。

（3）女士旗袍。

旗袍是我国妇女的传统服装，它的线条明朗，贴身合体，充分展现了女性的曲线美。现代旗袍是女士们最为理想的礼服。选择旗袍，要从年龄、体形、季节等多方面考虑：或庄重文静、典雅大方；或富丽高雅、雍容华贵；或绚丽优美、活泼俊俏。高贵的旗袍最好是单一的颜色，面料以典雅华丽、柔滑挺括的织锦缎、古香缎和金丝缎为佳（见图3.5）。

最佳的旗袍长度是达到穿着者的脚背，而开衩的高度，一般应在膝盖以上、大腿中部以下。穿旗袍适宜配穿高跟鞋，亦可配穿面料高级、制作考究的布鞋。旗袍的穿着与各种佩饰十分讲究，搭配要和谐。

图3.5 女士旗袍

另外,穿着旗袍时,站姿、走姿、坐姿都特别讲究。例如,穿着旗袍走路时,一定要面带微笑,双目平视,目光柔和,精神饱满且亲切自然;行走的过程中,身体舒展,重心自然落在双腿中间,走路时使用腰力,将身体的重心稍微前倾;跨步均匀,幅度一般在一脚或一脚半之间;迈步时,双腿距离要小,走成一条直线,旗袍的下摆与脚的动作要协调,要优美自然;两臂自然协调地摆动,手臂与身体的夹角为10°~15°,微屈肘关节。旗袍之美,简约含蓄,婉约妩媚,风格多变,千万要注意穿着旗袍时的各种姿态,别让它们影响了旗袍的美感。穿旗袍通常手持团扇,双肩打开,下沉,手肘稍微打开,团扇与身体距离12厘米左右,可以用执笔手位,像握笔一样把我们的中指扣在扇柄后面,左手拧住扇边,可分为斜拿、竖拿、倒拿,可以把团扇放在额头,双手托住放在胸前,放在肩膀,放在胸旁,或单手放在体侧(见图3.6)。

图3.6 女士旗袍

二、配饰礼仪

配饰指与服装搭配的，对服装起修饰作用的其他物品，主要有领带、围巾、帽子、首饰、提包、鞋袜等。早在远古时期，人们就知道用贝壳串成项链、将野花编成花环来修饰自己，这些最初的、原始的配饰体现出人类对美的渴求和向往。进入奴隶社会与封建社会，配饰不仅仅是美的体现，更是贵族身份的象征。配饰发展至今，已是品种多样、数量繁多，不仅可以起到装饰作用，也体现出我们的品位。配饰在我们生活中看似可有可无，实则不可或缺。一件合适的配饰往往会起到画龙点睛的作用。从一个人的配饰我们可以看出他的品位和审美取向。同时，我们也可以从一件优秀的首饰作品中感受到设计者的创作灵魂。

"细节决定一切"是时尚界最重要的口号之一。细节透露品位，影响着形象，是生活态度和品质的体现。精致的耳环，炫目的吊坠，随身佩戴的手表……那些熠熠生辉的饰品，或许是一次生日的礼物，或许是一次临别的赠礼……它们点缀着我们的青春年华，是我们人生中的美好记忆。如果没有它们，人生或许并不会有什么改变，但有了这些配饰的点缀，生活无疑更加精彩。

一双鞋子可以告诉别人你的性格，一款手包可以告诉别人你的心情，配饰游离在服装的周围，却赋予了服装灵魂。千万不要以为配饰不会说话，越小的配饰越能说明你的时尚品位。即使是穿再昂贵的衣服，只要在细节上出现纰漏，照样与时尚无缘。例如，一对精致优雅的袖扣，对优雅的男士来说，远远不只是衬衣的装饰那么简单。一件简单的衬衣，只需把袖扣轻轻一扣，便在不经意间让原本平淡的造型变得优雅动人，绅士情怀尽显。

1. 首饰

在使用首饰搭配服饰时，宁可不用或者少用，也不要乱用。佩戴首饰应注意以下几点要求。

（1）数量规则。在数量上以少为佳，必要时可以一件首饰都不戴，若有意同时戴多件时，在数量上不要超过三种，除耳环、手镯外，同类首饰不要超过一件，否则会给人凌乱之感，佩戴首饰力求简单。

（2）色彩规则。若同时佩戴两件或两件以上首饰，色彩应一致。戴镶嵌首饰时，应使其主色调保持一致。

（3）质地规则。若同时佩戴两件或两件以上首饰，应使其质地相同。戴镶嵌首饰时，应使其与被镶嵌物质地一致，托架也应力求一致。

（4）身份规则。佩戴的首饰，要与自己的性别、年龄、职业、工作环境保持大体一致。

（5）体型规则。即佩戴适宜的首饰，修饰自己的体型，扬长避短。

（6）季节规则。金色、深色的首饰适合秋冬时节佩戴；银色、鲜艳的首饰则适合春夏时节佩戴。

（7）搭配规则。佩戴首饰要考虑同时穿着的服装的质地、色彩以及款式。

（8）习俗规则。不同地区、不同民族，佩戴首饰的习惯多有不同。

下面具体介绍女性平时经常佩戴的戒指、项链、耳环的佩戴礼仪。

女士饰品丰富多彩、五花八门，饰品佩戴是服饰礼仪的重要组成部分。饰品不仅具有美化的功能，同时还能传播一定的信息，具有一定的象征意义。

（1）季节原则。饰品佩戴应考虑季节。夏季可佩戴色彩鲜艳的饰品，体现夏季的浪漫和热情；冬季则可佩戴一些金、银、珍珠等饰品，显得庄重典雅。

（2）场合原则。女士赴宴或参加舞会等，可以佩戴优美的胸针，显得端庄大方。而平时上班或休闲时，则可以佩戴一些小巧精致、淡雅的胸针、项链、耳环等。一般来说，在较为隆重、正规的场合，选用的饰品都应当档次高一些；如果是公共场合，则不应过于鲜艳新潮，应精致而传统。

（3）服饰协调原则。饰品佩戴应与服饰相配。例如项链色彩最好与衣服颜色相协调，穿运动服或工作服时可以不戴项链和耳环。

（4）体型相配原则。脖子粗短者，不宜戴多串式项链，而应戴长项链；相反，脖子较瘦细者，可以戴多串式项链，以缩短脖子长度。宽脸型、圆脸型和戴眼镜的女士，建议少戴或不戴大耳环和圆形耳环。

（5）年龄吻合原则。年轻女士可以戴一些时尚但不用太贵重的饰品，而年纪较大的妇女可以戴一些较贵重的且比较精致的饰品，这样显得庄重、高雅。

（6）色彩原则。戴饰品时，应力求同色，若同时佩戴两件或两件以上饰品，应使色彩一致或与主色调一致，千万不要色彩过多，显得凌乱。

（7）简洁原则。饰品应少而精，注重美感。

2．饰品

（1）胸针。胸针是别在胸前的饰物，多为女士所用。穿西装时，应别在左侧领上；穿无领上衣时，宜别在左侧胸前。发型偏左时，胸针居右，发型偏右时，胸针偏左。高度在自上往下第一与第二粒纽扣之间。

（2）胸花。胸花是指女性胸、肩、腰、头等部位的各种花饰，胸花与衣服既有对比美，又有协调美。最常见的是将胸花佩戴于左胸，也可按服饰设计要求和服饰整体效果将其佩戴于肩部、腰部、前胸或发际。佩戴时，花茎向下，使之与花自然开放的姿态形同。个子矮小的女性宜选择小一点的花，佩戴得稍高一些，个子高的女性宜选大一点的花，佩戴位置可稍微低一点。

（3）帽子。帽子既可正着戴，也可斜着戴。正戴显得庄重、严肃，可使脸型更加丰满、端庄。斜着戴则显得活泼、妩媚、俏皮。参加各种活动及到别人家做客时，进入室内后应脱帽。但女士的传统礼帽作为服饰的一部分，可在室内戴。

（4）围巾。围巾不仅能御寒，而且能使服装增色。围巾的配色原则是：深色衣服宜配鲜艳围巾，浅色衣服宜配素色围巾。

（5）提包。女士小型提包是女士日间出席正式场合时使用的重要饰物，可以使女性在动态中显示出独特的魅力。挂肩型提包是女士出席半正式或非正式场合时既美观又实用的装饰品。

（6）墨镜。墨镜也称"太阳镜"，原本是用作抵挡阳光保护眼睛的，现已成为一种装饰五官的脸部饰品了。戴上墨镜，会平添几分神秘感和魅力，给人以严肃、神气、深沉之感。礼仪规范对墨镜的要求是：在参加室内活动时，不要戴墨镜；在室外，遇有礼仪性活动，也不应戴墨镜。有眼疾需戴墨镜时，应向主人或客人说明并致歉。在与人握手、说话时，应将墨镜摘下。

第四节　交际之礼

"礼者，敬人也。"礼仪，是待人接物的基本要求，是人们在社会交往过程中所形成的相互表示敬意和友好的行为规范与准则。人际交往之道，也是律己敬人之道。

在社交关系中，正确用礼才能把握其中的分寸感。下面具体介绍几种交际礼仪。

一、乘车礼仪

轿车上座次的高低，在礼仪上来讲，主要取决于四个因素，即驾驶者身份、轿车的类型、座次的安全、嘉宾的意愿。第一个上座，称为"社交场合的上座"，即主人开车的情况，上座为副驾驶座。这个位置方便和主人交谈。如果这时你坐在后排，就容易让人误会把主人当成司机。第二个称作"公务接待"的上座，即开车的人是专职司机，上座是后排右座。这跟我国道路行驶规则有关。后排比前排舒服，右边比左边上下车方便。训练有素的司机开车到酒店一停车，后排右座一定正对着门，而副驾驶的座位是"随员座"，所以酒店的门童都不会给副驾驶员座开门。第三个上座称为"VIP上座"，即司机后面的座位。一些专家、领导，不管方向盘在哪里，他都更喜欢坐在司机后面，因为这个位置最安全。吉普车大都是四座车，一般来说，不管由谁驾驶，吉普车上座次由尊而卑依次是：副驾驶座，后排右座，后排左座。

二、乘坐电梯礼仪

在电梯共乘时，也应遵守礼仪。靠电梯最近的人先上电梯，为后面进来的人按住"开门"按钮，当出去的时候，靠电梯门最近的人先走。男士、晚辈或下属应站在电梯开关处提供开关门服务，并让女士、长辈或上司先行进入电梯，自己随后进入。在电梯里讲话时不宜盯着对方的眼睛不放，目光可适当下移，以嘴巴和颈部为限。

三、座次礼仪

待客时，座次也是有讲究的。座次排列按照四个原则来安排，即右高左低、中座为尊、面门为上、特殊原则。若是圆桌，则正对大门的为主客。在正式的宴会上，水杯在盘子左边，酒杯在右边。提倡公筷，让菜不夹菜。用牙签剔牙时，应用手或餐巾纸掩住嘴，嘴里的骨头和鱼刺不要吐到桌子上，可用餐巾纸掩口，用筷子取出来放到碟子里。

四、朋友间交往礼仪

网络时代，人们的沟通也变得越来越多样化，在朋友圈里发张照片，很快就能聚集一圈点赞围观的人气；过年过节，群发的问候短信如约而至；老友聚会，QQ、微博、微信各种社交平台一个不落地送去祝福……看上去新朋旧友热热闹闹，人与人的交流也越来越便捷，但很多人却感觉朋友间少了些人情味和幸福感，有人甚至感叹，交友很容易，交心却越来越难。

朋友不亲与当下的社会环境不无关系，生活节奏加快，压力变大，很多人疲于应付工作，仅有的闲暇时光也希望能多陪陪家人，给予朋友的时间自然少了。

价值观的变化也会影响友谊。资源的流动、自身定位的改变，以及不同的文化背景，都会影响人的社会价值观。当两个朋友身处不同城市，每天所接触的事情、面对的生活环境大相径庭时，慢慢就会变得话越来越少，友谊渐渐疏远。

以前，沟通的方式单一，维系友情需要昂贵的时间甚至物质成本。如今，电话、视频、信息联系方式越来越多样，人们足不出户就能和朋友聊天，维系友情的"成本"大大降低，对坐在一起拉家常的机会不像以前那样珍惜。

牢固的社会关系是幸福的关键，朋友间建立的长期而亲密的关系，能帮助人们找到归属感，然而友谊是需要维护的，生活中需要时不时地给友谊加点润滑剂。

（1）固定一段"我们的时间"。很多人都遇到过这种情况：好不容易有空打个电话给老友，对方可能正忙着没空，自己扫兴不说，朋友也很为难。其实，不妨和朋友约定一个固定时间，安排好工作和生活，留够时间打个电话，这种固定联系的习惯，不但能增进友谊，还能给彼此建立心灵上的安全空间。如果朋友们住在同一个城市，可以相约周末的晚上，喝喝茶，聊聊近况，放慢生活的脚步。

（2）在一起时关掉数码设备。生活中，我们常看到朋友聚会时自顾自地玩手机，明明坐在一起，相互也不多说话。科技在方便人们的同时，也"捆绑"了我们的生活。各种电话、信息总是在不停地分散我们的注意力，往往也在向朋友传达着"我们见个面也没那么必要"的讯息。长此以往，下次再聚会，朋友可能不愿赴约了。心理学强调，人与人之间的情感交流，70%依靠肢体语言，比如交谈时，凝视对方眼睛等。聚会前，最好先处理好琐事，把手机放在一边，无论吃饭还是聊天，都全心投入，享受和朋友在一起的美好时光。

（3）学会倾听。朋友有两种，一是互补型，即两人性格相反，却能弥补对方不足；一是相似型，即两人性格爱好十分相似。有时，性格反差较大的朋友间，会有一方习惯于表达，而忘记倾听。朋友相处，是一段共同承担的过程，偶尔需要角色互换，给对方足够的时间，耐心地听听对方的心事，不要说教式地凭自己的经验去劝解。其实，学会倾听也是一种尊重，它表达的是"我是关心你的"。当朋友和你分享秘密的时候，他可能并不需要你的答案，只是想找个人分享。有时，倾听就是最大的帮助。

（4）表达你的情感。中国社会科学院发布的一项调查发现：超过四成受访者认为"关爱大家心里都知道，不必刻意交流"，还有两成人羞于表达情感。中国人讲求君子之交淡如水，不太注重言语的表达。事实上，适当地向朋友示好，吐真情，也是巩固友情的"催化剂"。这种表达不需要太刻意，见面时，一句"好久不见，真的很想你"；离别时叮嘱一句："多多保重，有需要告诉我"；旅行时，给远方老友寄一张明信片；送朋友礼物时，夹一张手写的字条……这些小细节，都能让朋友感受到你的用心，让友情细水长流。

（5）多"走心"。现在一些人之间的"友谊"如同快餐，看似情真意切，实则内心空虚。其实，交友贵在真心，良言胜过黄金。与朋友相处要开诚布公，重情谊、轻利益，要懂得朋友不是被利用的，不能因为"他对我有用"而去多交流。相处时，多换位思考，推己及人，将心比心；朋友有所求时，真诚以待，尽责尽心；以感恩的心看待朋友的帮助，接纳朋友的缺点，学习朋友身上的优点，学会欣赏也是一种能力。

（6）留出"安全距离"。好朋友不是无话不谈，毫无保留的，而是应有彼此的"空间"。以"关心对方""替对方出主意"为借口，过多地追问对方隐私，或把自己的隐私，一股脑地抛给朋友，都会给对方带来巨大的心理负担，这种交往不是真正的友谊。

现代社会，朋友间的交往形式越来越多，内容越来越丰富，微信朋友圈就是其中一种朋友、同事沟通交往的形式。被鸡汤段子刷屏、被代购信息骚扰、被"美颜"照欺骗……相信大家的微信朋友圈中，都出现过这样的情况，并且对此嗤之以鼻。那么，怎么合理利用朋友圈与朋友、同事、家人进行有效沟通？下面介绍几条微信朋友圈交往礼仪，仅供大家参考。

（1）自拍照PS程度不超过30%。不少朋友都有过这样的经历：身边很多女性朋友，发的照片都是千篇一律的样子，锥子脸、大眼睛，有的人甚至是照片和本人相去甚远。很多人都觉得照片还是真实一点比较好，修图也需要把握尺度，去除照片上的杂质、轻微调一下色是可以的，朋友圈的自拍照应把握尺度，避免误会。知名网络社会学家、中国电子商务协会研究中心专家委员唐兴通指出："针对自拍设计的行为'规范'，背后体现的是人们对于美好、积极事物的一种向往。这种带有嘲讽调侃意味的规范，一方面带有娱乐的功能，同时也体现了社交生态中，双方对真实性的要求，太做作和太装的行为，都是不受欢迎的。"

（2）评论应显诚意，避免使用或少用表情包。很多人都有这样的想法：发心情的人，看到别人评论再回复，其实是一种很好的互动。和面对面社交一样，虚拟社交也同样要求融入人的真实情感。这一条"规范"，实际上也反映出人们对"深社交"的需求，潜意识中希望与对方"走心式"地沟通。而简单回复，不仅起不到拉近距离的目的，偶尔甚至会引发一些矛盾。

其实，朋友圈不仅是一个相互交流沟通的平台，更是一个休闲和非正式的交流平台，它的存在，更重要的是满足朋友之间的心理沟通和交流需求，一旦产生规范，反而会让原本轻松的交流严肃起来，不利于情感沟通。但是，一些朋友圈礼仪规范确实比较实用，可以参考和借鉴。

五、谈话礼仪

在商务交往中，对商务人员的口才有很高的要求。商务人员不一定要伶牙俐齿，妙语连珠，但必须具有良好的逻辑思维能力、清晰的语言表达能力，必须在克己敬人、"寸土必争"的前提下，在谈话之中保持自己应有的风度，始终以礼待人。有道是，"有'礼'走遍天下"，在谈话中也是如此。

平心而论，要符合上面那些要求，不是一件很容易的事。系统地学习、掌握一些谈话的技巧，对商务人员在商务交往之中搞好人际关系，定然大有帮助。谈话的技巧，具有极强的可操作性，而且需要针对不同的人与事，来加以灵活地运用。例如，当一位朋友不邀而至，贸然闯进你的办公室，而你实在难用很长的时间与之周旋时，如果直接告知对方"来得不是时候"，或对其爱搭不理，都很可能得罪人。其实，只要用委婉一些的语言，一样可以暗示对方应尽早离去，而且还不至于使其难堪。可以在见面之初，一面真诚地对其表示欢迎，一面婉言相告："我本来要去参加公司的例会，可您这位稀客驾到，我岂敢怠慢。所以专门告假五分钟，特来跟您叙一叙。"这句话的"话外音"，乃是暗示对方"只能谈五分钟时间"，但表达不失敬意，对方就觉得中听多了。又如，一位来企业参观的外商，若突然向你问起了我方的产量、产值一类原本不宜询问的问题，告之"无可奉告"固然没错，却也有可能使对方无地自容。此时此刻，完全可以运用适当的谈话技巧，用另外的方式来表达"无可奉告"之意。比方说："董事会让我们生产多少，就生产多少""有多大生产能力，就生产多少""能卖出去多少产品，就能创造多大产值""一年和另一年创造的产值，往往不尽相同"面对这种照顾对方情绪的"所答非所问"，如果对方通情达理，定会知难而退。下面，就介绍一些商界人士应运用自如的说话技巧。

其一，寒暄与问候。寒暄者，应酬之语是也。问候，也就是人们相逢之际所打的招呼，所问的安好。在多数情况下，二者应用的情景都比较相似，都是作为交谈的"开场白"。从这个意义讲，二者之间的界限常常难以确定。在人际交往中，寒暄可以打破僵局，缩短人际距离，向交谈对象表达自己的敬意，或是借以向对方表示乐于与之结交之意。所以说，在与他人见面时，若能选用适当的寒暄语，往往会为双方进一步的交谈奠定良好的基础。反之，在本该与对方寒暄几句的时刻，反而一言不发，则是极其无礼的。当被介绍给他人之后，应当跟对方寒暄。若只向他点点头，或是只握一下手，通常会被理解为不想与之深谈，不愿与之结交。碰上熟人，也应当跟他寒暄一两句。若视若不见，不置一词，难免尴尬。在不同时候，适用的寒暄语各有特点。跟初次见面的人寒暄，最标准的说法是："您好""很高兴能认识您""见到您非常荣幸"。文雅一点，则可以说"久仰"或者"幸会"。要想随意一些，也可以说"早听说过您的大名""某某人经常跟我谈起您"或是"我早就拜读过您的大作""我听过您作的报告"等。跟熟人寒暄，用语则不妨显得亲切一些，具体一些。可以说"好久没见了""又见面了"，也可以说"您气色不错""您的发型真棒""您的小孙女好可爱呀""今天的风真大"等。寒暄语不一定具有实质性内容，可长可短，因人、因时、因地而异，但一定要具备简洁、友好与尊重的特征。寒暄语应当删繁就简，不要过于程式化。例如，两人初次见面，一个说："久闻大名，如雷贯耳，今日得见，三生有幸。"另一个则道："岂敢，岂敢！"大可不必。寒暄语应带有友好之意，敬重之心。既不容许敷衍了事般地打哈哈，也不可用以戏弄对方。"来了""瞧你那德性""喂，你又长膘了"等应禁用。问候，多见于熟人之间打招呼。西方人爱说："嗨！"中国人则爱问"去哪儿？""忙什么？""身体怎么样？""家人都好吧？"在商务活动中，也有人为了节省时间，而将寒暄与问候合二为一，以一句"您好"应对。问候语具有非常鲜明的民俗性、地域性的特征。比如，老北京人爱问别人："吃过饭了吗？"其实质就是"您好！"您要是答"还没吃"，意思就不大对劲了。若以之问候南方人或外国人，常会被理解为："要请我吃饭""讽刺我不具有自食其力的能力""多管闲事""没话找话"，反而引起误会。为了避免误解，统一而规范，商务人士应以"您好""忙吗"为问候语，慎重表达。牵涉到个人私生活、个人禁忌等方面的话，一定不要说。例如，一见面就问候人家"跟朋友吹了没有"或是"现在还吃不吃中药"，都会令对方反感。

其二，称赞与感谢。什么样的人最招人喜欢？懂得赞美别人的人最招人喜欢。什么样的人最有礼貌？得到他人帮助后，知道及时表示感谢的人最有礼貌。称赞与感谢，都有一定的技巧。如不加遵守，自行其是，不但可能会显得虚伪，而且还可能会词不达意，招致误解。比如赞美旁人："您今天穿的这件衣服，比前天穿的那件衣服好看多了"或是"去年您拍的那张照片，看上去您多么年轻呀"，都是用词不当的典型例子。前者有可能被理解为指责对方前天穿的那件衣服太差劲，不会穿衣服；后者则有可能被理解为是在向对方暗示：您老得真快！您现在看上去可一点儿也不年轻了。赞美别人，应有感而发，诚挚中肯。赞美别人的第一要则，就是要实事求是，力戒虚情假意，不乱给别人戴高帽子。夸奖一位不到40岁的女士"显得真年轻"，还说得过去；用它来恭维一位气色不佳的80岁的老太太，就做作了。离开真诚二字，赞美将毫无意义。赞美别人的第二要则，即因人而异。男士喜欢别人称赞他幽默风趣，有风度；女士渴望别人注意自己年轻、漂亮；老年人乐于别人欣赏自己知识丰富，身体保养得好；孩子们爱听别人表扬自己聪明，懂事。适当地道出他人内心渴望获得的赞赏，可以使交流沟通更加顺利。这种"理解"，最受欢迎。赞美别人的第三要则，即话要说得自然，不露痕迹，不要让人感觉生硬，更不能"一视同仁，千篇一律"。当着一位先生的夫人之面，突然对后者来上一句"您很有教养"，会让人摸不着头脑。可要是知道这位先生的领带是其夫人搭配的，夸上一句："×先生，您这条领带真棒！"那就会产生截然不同的效果。

第五节　餐饮之礼

中华饮食文化源远流长，自古就有"民以食为天"的俗语，一日三餐，必不可少。中国餐桌礼仪始于周公，其中又包括宴饮礼仪、待客礼仪和进食礼仪。"排座次"是中国食礼文化中最重要的一项，因为伴随桌具的演变，座位的排法也相应会有变化，但总的来讲，座次"尚左尊东""面朝大门为尊"。此外，尊卑之礼是中国食礼文化中另一项重要内容，子女对父母，下级对上司，少小对尊长，都要表现出应有的尊重和恭敬。下面介绍几种常见的餐饮特色礼仪文化。

一、酒礼

自古以来，酒与欢庆、友谊和诗意相随。人们喜庆佳节、欢迎宾朋、举家合欢和骚人墨客赋诗作画，总要饮上几杯美酒助兴。李白的"兰陵美酒郁金香，玉碗盛来琥珀光"，脍炙人口，久传不衰，他斗酒诗百篇至今传为佳话。

"酒品、酒德、酒风使饮酒成为一种庄重的活动和仪式，也使得酒礼成为文明进程或文化氛围的一部分。在现代社会，我们提倡健康文明的饮酒方式。"北京礼仪专修学院院长李柠说，饮酒是中华民族饮食文化的重要体现。俗话说"无酒不成礼仪"，喝酒有许多礼节、礼貌、礼俗与禁忌。尽管人们参加的宴请形式不同，所饮用酒的品种不同，但饮酒的基本礼节是具有通用性的。

（一）落座

餐桌上的举止是一个人修养与教养的综合体现，席间举止应得体端正，忌躺坐在餐椅上及双肘架在餐桌上。

（二）斟酒

人们在为客人斟酒的同时，常说"满上满上"。这个满不是溢出来，而是指满杯中的八成就行了。主人在给客人斟酒时，客人要把拇指、食指、中指捏在一块，轻轻在桌上叩几下，表示感谢主人的斟酒，即"叩指礼"。如在座的有年长者，或有长辈、远道而来的客人或职务较高的客人，即使自己不饮酒，也要先给他们斟酒，以示敬意。

（三）敬酒

敬酒要适可而止，善意、敬意表达到便可；忌成心灌醉或恶作剧的行为。敬酒时，上身挺直，双腿站稳，以双手举起酒杯，待对方饮酒时，再跟着饮，敬酒的态度要热情而大方。在规模盛大的宴会上，主人将依次到各桌敬酒，而每一桌可由一位代表到主人的餐桌上去回敬一杯。

（四）碰杯

席上喝酒讲究碰杯，要碰杯就必须把杯中的酒喝完，一口气喝下去，然后倒过酒杯，让旁人看自己杯中无酒。在酒席上经常听到一句话，叫作"无三不成礼"，意思是喝酒一个高潮，必须是在三杯以上，所谓"酒过三巡"也是这个意思。在一些少数民族中，还有一个习惯，就是当主人敬酒时，客人要恭敬地用手指沾杯中酒向天空或前后左右弹三次，以示敬重。

（五）品酒

会饮酒的人饮酒前应有礼貌地品一下酒，可先欣赏一下酒的色彩，闻一闻酒香，继而轻啜一口，慢慢品味。不要为显示自己的海量一饮而尽，也不必矫揉造作地在举杯时翘起小手指，以显示自以为是的优雅举止。忌一边饮酒，一边吸烟。

（六）告辞

受邀出席宴请是非常忌讳提前告辞的，在万不得已的情况下，应提前告知，最大限度地减少主人的不悦。正餐之后的酒会的告辞时间按情况而定。受邀参加任何形式的宴请，离开之前都应向邀请人当面致谢，离开后，应在有效的时间内通过电话、短信、邮件等形式再次向邀请人表达自己的谢意，致谢对方的款待。

（七）出现困难和意外

出现意外时，应保持镇静，妥善解决。比如，不慎打翻食物或酒杯，应该悄悄地请求男主人或女主人解救，并主动帮助收拾干净，尽管这种帮助也许会被谢绝。聪明的女主人总是在酒台后面放一些清洁用具，以备不时之需；若杯子已被打碎，递给客人一张可将碎片包起来的报纸也是很有用的。

（八）顾及邻里

春节期间在居所设家宴聚会难免引起某种喧闹。因此，筹办宴请前事先关照邻居，方不失礼貌。家宴未必要邀请邻人，但若主人认为合适，而且他们也乐意参加，请来一聚则能增进友好。

二、餐桌礼仪

我国餐饮礼仪可谓源远流长。据文献记载,至少在周代,饮食礼仪已形成一套相当完善的制度。餐桌仪态,兹事体大。古今相通,东西相似。正如《礼记》所指:"夫礼之初,始诸饮食。"

(一)中餐礼仪

中餐礼仪涉及面广,例如中餐就座礼仪,要按照年龄大小、辈分高低就座。宴会开始后,老人应最先举筷,尝第一口菜肴,然后其他人再举筷;商务宴请,应等主人邀请后,主宾再动筷。当宾主致辞时,应认真倾听。与人交谈时,应礼貌地放下碗筷。不要用筷子敲击碗、盘,不要用筷子对人指指点点。忌讳将筷子立插在食物上。

1. 坐相与吃相

我们常常会见到,有的人在吃饭的时候,不讲究坐姿,怎么坐着舒服怎么来。一会儿跷着二郎腿,一会儿歪着坐,一会儿瘫在椅背上,一会儿摊在餐桌上……这些小动作,不仅让外人看起来极其不雅观,而且对自身健康也不利。如果吃饭的位置选择不对,也不行。比如,坐在矮桌前或者很软的沙发上吃饭,以及蹲着吃饭,不仅不雅观,让人感觉不礼貌,还会导致胃部和食管等部位受到挤压,影响人体对食物的消化。尤其注意不要蹲着吃饭,除了影响消化外,还会影响下肢血液循环。正确的做法是:吃饭的时候,把碗端起来,挺直腰吃饭,尽量保持头部、颈部、肩部在一条直线上。有的年轻人一见到自己喜欢的食物,便张开大嘴,狼吞虎咽。这样的吃相真的不好看,会让人觉得没有教养。有些家长甚至看到孩子大口大口地吃东西,认为这是孩子吃得香的表现,事实上吃得是否香并不知道,对身体不好倒是真的。吃饭时优雅而且健康的吃法是：闭嘴咀嚼，小口进食，细嚼慢咽，每口食物多咀嚼几次，仔细品味每种食物带来的丰富口感和味道。

2．分餐

公筷公勺分餐食，是推进"文明餐桌"行动的重要一环，也是餐桌礼仪的重要组成部分。2020年年初，新冠肺炎疫情突然来袭，人们猛然意识到养成公筷公勺分餐食等餐桌礼仪非常重要，不仅健康卫生，体现文明素养，而且是预防新冠肺炎的有效之法。从推进"文明餐桌"行动层面而言，没有个体餐桌礼仪习惯做支撑，"文明餐桌"就难以取得实效、长效。从个体身体健康和文明素养层面而言，养成餐桌礼仪习惯，对身体健康大有裨益，对提升自身文明素养也至关重要。

（二）西餐礼仪

西方餐桌礼仪起源于法国梅罗文加王朝，当时因受拜占庭文化启发，制定了一系列细致的礼仪。欧洲的餐桌礼仪由骑士精神演变而来。在十二世纪，意大利文化传入法国，餐桌礼仪和菜单用语均变得更为优雅精致，教导礼仪的著作亦纷纷面世。

1．座位安排

西餐座位安排应遵循以下原则。

（1）女士优先。在排定西餐座次时，主位请女主人就座，而男主人位居第二位。

（2）以右为尊。在排定座次时，以右为尊。

（3）面门为上。面对正门者为上座，背对正门者为下座。

（4）交叉排列。男女交叉排列，生人与熟人交叉排列。

（5）餐桌礼仪从入座，拿取餐巾、开动、取用餐具、离席，皆有自成一套的规矩，而其中座次与餐具安排，主人会于餐前准备妥当，无需费心。但应熟悉餐具使用顺序及位置功能，以免拿错。女主人宣布晚宴就绪后，男主人引领着客人依次入座，而女主人则走在最后面。有些细心的主人还会在餐桌上放置姓名卡，以表示座次，若没有此项安排，则其原则如下：座次安排以男女分隔而坐为原则；男主客优先入座，其位置在女主人右边，而女主客则在男主人右边；其他夫妇则以对角方式而坐；男女夫妇分坐显示出宴会的开放与活泼，期望借由宴席上座次的安排，增进彼此间的感情，并使用餐话题多样化，气氛和乐；入座原则系客先入座，长者较年轻者先入座，已婚较未婚先入座，陌生人较熟识客人或家人先入座。

2. 餐具摆设

餐具摆设要注意以下几个方面。

（1）大致上，餐具摆在中央的称为"摆饰盘"，用来装一般料理。

（2）餐巾一般是置于装饰盘的上面或左面。

（3）盘子旁边摆刀、叉、汤匙等。依用餐顺序：前菜、汤、料理、鱼类、肉类，视所需由外而内取用。

（4）左手边是面包盘和奶油刀，装饰盘对面则放咖啡或吃点心所用的小汤匙和刀叉。

（5）餐具取用由外而内。切用时，可选用法式取餐具的礼仪，即左手拿叉，右手拿刀，边切边用。或选择英美式取餐具礼仪，右手拿刀，左手拿叉，切好，改以右手拿叉取用。谈话间有肢体表情或传菜时，应将刀叉放下，不可持刀叉于空中挥动。刀叉用完后应横放于餐盘中央，或餐桌上，而非盘边，放置方式刀口朝己，叉口朝左，以便安全取走。餐盘用完后，不应往外推，留在原处即可。但需要注意的是，当沙拉与主菜同时上桌时，沙拉所需使用的刀叉仍放在最靠餐盘的位置，即主菜刀叉的内侧。沙拉盘则在主菜所用的刀叉左方（主菜叉子位置在餐盘左方，餐盘右方为主菜刀子）。如没有沙拉盘摆于桌面，则沙拉用的刀叉会随沙拉上桌一并送上。但吃蚝所用的叉子在餐盘右方餐具的最外侧，汤匙的位置在所有刀子的右方，最外者为喝汤用，介于刀及汤匙间的小匙，则为吃甜点之用，而甜点叉则在餐盘最左方。平常为避免混淆，则会将吃甜点所需的餐具置于餐盘上方，以示区别。

（6）坐定后，必须注意女主人的暗示。当女主人打开餐巾，放在膝上表示开动，女主人将餐巾取下放在桌上则表示餐宴完毕。即使已填满肚子，也应继续进餐，到餐会结束。餐巾正确的位置应放在膝上，而非夹在衣领或衣带间。用完餐巾应稀松放在餐盘左方，如餐盘已移走，则放在正中央，切勿将之揉成一团。餐巾不可用来当桌布，擦去桌巾的污渍。如不小心弄脏了桌巾，应向主人道歉。

（7）右上角会摆设玻璃杯类的餐具：最大的是装水用的高脚杯；次大的用来装红葡萄酒；略瘦长的玻璃杯是盛白葡萄酒的。

3．刀叉的使用方法

（1）拿刀叉的手是固定的，右手拿刀，左手拿叉。

（2）拿刀的手的食指，压着刀叉的背柄来使用，如此才能使力。

（3）叉子不只用来压食物和叉东西而已，也可以用来舀豆子和米饭。

（4）如果用左手拿叉不方便，也可以使用右手，但必须先把刀放下。

（5）用餐中，有事离席时，必须把刀叉摆成八字型放在餐盘上。

（6）用餐结束后，应平行斜放在五点钟位置。

4．喝汤的礼仪

（1）喝汤时，不能发出声音。西方人认为汤是食物，是用来食用而非饮用的。如果在喝汤时发出声音就是违反礼仪。

（2）食用装在有双耳的汤杯中的汤时，为了测试汤的冷热程度，可以使用附带的小汤匙先试一口。使用后的小汤匙可以放在靠近身体这一边的底盘上，不可置于汤杯中。试过汤的温度后，可以用双手拿着汤杯耳，把汤杯端到口边直接饮用。至于汤中的食物则可以用汤匙来舀食。

（3）没有汤耳的汤盘，要用大汤匙来舀食。拿汤匙的姿势像握铅笔一样，由内经外侧舀食。由内经外舀食属于英国式；反之则是法国式。

（4）使用完毕后，把汤匙放在靠自己身前的底盘上，或是放在盘中。切记汤匙的柄要放在右边，汤匙凹陷的部分必须向上；汤杯与汤盘都是如此。用汤时，不可噘起嘴来用力把汤吹凉。

5．食用面包的礼仪

（1）面包的位置一定是主菜的左侧。

（2）如果一开始就有面包，要知道在餐具左侧的面包是属于你的。

（3）涂抹奶油时，要使用个人的奶油刀，如果没有附上奶油刀，则可使用料理用刀。必须注意，不可独占共用的奶油刀。

（4）如果选择法国面包，食用时可用左手拿面包，再用右手把面包撕成小块，然后用左手拿着小面包，而用右手涂抹奶油。要注意，把面包撕成小块后再涂奶油。

6．菜肴及调味料的传取

一般而言，若进餐时没有服务生，菜肴则以传取方式进行。传取顺序系由女主客优先，男主客最后传取时可以逆时针方式进行。依西方礼仪，传菜时男士不可帮女士拿菜，只能从旁代为帮忙拿住菜盘，而由女士取她想要的。取菜时，应直接拿取最靠近自己的，不要在盘中翻搅。当某道菜或调味品无法获得时，可请靠近该道菜或调味品的男宾客传给你。当需要盐、胡椒等调味品，却无法在餐桌上看到它们时，可以请女主人拿一些给你。

第六节　国际之礼

国际礼仪虽然在国际社交活动中通行，但是由于不同的国家之间存在民族文化、历史传统、宗教信仰等方面的差异，各国也表现出了独特的风俗习惯。因此，为了更好地提高在国际社会上的交际能力，需要学习和了解国际礼仪，尊重他国的风俗与习惯，以便做到入乡随俗。

一、日本

日本人十分注重礼节。见面一般都互致问候，脱帽鞠躬，表示诚恳、可亲。初次见面，互相鞠躬，交换名片，一般不握手。没有名片就自我介绍姓名、工作单位和职务。如果是老朋友或比较熟悉的人就主动握手或深鞠躬，甚至拥抱。妇女则以深深一鞠躬表示敬意。如遇女宾，女方伸手方可握手，但不要用力或久握，遇到年长者亦然。如需谈话，应到休息室或房间交谈。吸烟应先征得主人同意，以示尊重。见面时，常说"拜托您了""请多关照"等话。日本人最常使用的行礼方式是"屈体礼"，又可分为"站礼"和"坐礼"。行"站礼"时，双手自然下垂，手指自然并拢，随着腰部的弯曲，身体自然向前倾。行最高站礼时，腰要弯到脸面几乎与膝盖相平的程度。接受晚辈行礼时，背和脖颈要挺直；平辈之间，腰要稍弯，脊背要直，头不宜向下垂，腰弯曲，上身向前倾斜。

日本人的访问礼仪。日本人拜访他人时一般会避开清晨、深夜及用餐时间。拜访前要预先约定，突然访问是失礼的。在与对方会面时，应作自我介绍，递交自己的名片，并讲明介绍人的姓名及拜访目的。交换名片应由身份低的人首先递交，在数人同往拜访时，应逐个交换名片，拿到对方的名片要十分珍视，切忌在手中摆弄，拜访应一切听从主人的安排。在门口要寒暄几句，进至屋里，落座后再正式交谈。在进日本式的房屋前，要先脱鞋。脱下的鞋要整齐地放好，鞋尖向着自己进来走过的门的方向，这在日本是尤其重要的。如果是西式房屋，虽可穿着鞋进屋，但在进屋前一定要把大衣、风衣、围巾、帽子之类的衣物脱下，行礼。进屋后放在主人指定的地方。离去时如没有主人劝说，应在出大门后再穿戴。

日本人饮酒时，认为将酒放在桌子上，让客人自己斟酒是失礼行为。斟酒时要右手拿着酒壶，左手从下面托着壶底，但千万不能碰着酒杯。客人要右手拿着酒杯，左手托杯底接受对方斟酒。在一般情况下，客人接受头一杯酒为礼节，而客气地谢绝第二杯酒却不为失礼，但是谢绝了第二杯酒的客人，千万不要将酒杯倒放，要等大家喝光酒后，一起把酒杯倒放在桌上，才是礼貌做法。

二、新加坡

新加坡不同民族的人在穿着上有自己的特点。马来男子头戴一顶叫"宋谷"的无边帽，上身穿一种无领、袖子宽大的衣服，下身穿长及足踝的纱笼；女子上衣宽大如袍，下穿纱笼。华人妇女多爱穿旗袍。政府部门对其职员的穿着要求较严格，在工作时间不准穿奇装异服。

新加坡人举止文明，处处体现着对他人的尊重。他们坐着时，端正规矩，不将双脚分开，如果交叉双脚，只是把一只腿的膝盖直接叠在另一只腿的膝盖上。他们站立时，体态端正，而不把双手放在臀部，因为那是发怒的表现。

在社交场合，新加坡人与客人相见时，一般都施握手礼。男女之间可以握手，但对男子来说，比较恰当的方式是等妇女先伸出手来，再行握手。马来人则是先用双手互相接触，再把手收回放到自己胸部。

新加坡人的主食多是米饭，有时也吃包子等，但不喜食馒头。马来人用餐一般用手抓取食物，他们在用餐前有洗手的习惯，进餐时必须使用右手。饮茶是当地人的普遍爱好，客人来时，他们常以茶水招待，华人喜欢饮元宝茶，意为财运亨通。

在新加坡人眼中，男婚女嫁是件大事，不论华人还是马来人都很重视。马来人的婚事要经过求亲，送订婚礼物，订立婚约等程序。新加坡的华人讲求孝道，如有老人行将去世，其子孙必须回家守在床前。丧礼一般都很隆重。

到新加坡从事商务活动的最佳月份是3月到10月，以避开圣诞节及华人的新年。当地工商界人士多讲英语，见面时要交换名片，名片可以用英文印刷。在会谈中尽可能不要吸烟。新加坡人不喜欢挥霍浪费，宴请对方不要过于讲排场，尤其是在商务活动中，答谢宴会不宜超过主人宴请的水平，以免对方产生其他想法。

三、俄罗斯

俄罗斯人口味偏重，不过，现在很多人注重科学饮食，口味逐渐趋于清淡。他们爱吃面食，尤喜黑面包，伏特加酒必不可少，对我国生产的二锅头等白酒也感兴趣。进餐方式、上菜次序与西方相同，但是俄罗斯菜肴特点鲜明，如鱼子酱、红菜汤、传统小煎饼都很有名。

俄罗斯人习惯用盘盛汤，喝汤时可吃面包。喜喝红茶，且常加入牛奶或奶油、柠檬、糖、蜂蜜、果酱等，用茶匙搅拌，但不用匙喝茶。用完茶匙，放在茶碟上，不能留在杯子里。参加家庭宴会，应适当赞美主人，尤其是女主人的厨艺和盛情款待。按俄罗斯人的习惯，客人吃得越多，主人越高兴。

俄罗斯人喜欢结交朋友，待人友好亲切，感情热烈奔放。流行握手、拥抱、吻手等礼节，女士优先也很受重视。公共场合，人们谈话低声细语，不大声喧哗。初次见面，不问别人生活细节，尤其对妇女，不能当面问年龄。

登门拜访或逢年过节，赠送鲜花很流行。花枝应为奇数，三枝、五枝或九枝。花的颜色以一两种为宜，不要多种颜色混杂。而追悼亡人时，需送双枝数鲜花。俄罗斯人普遍偏爱红色，视其为美丽的化身，而黑色仅适用于丧葬活动。

俄罗斯人视镜子为"神圣物品"，打碎镜子意味着个人生活将出现疾病和灾难。打翻盐罐是家庭不和的预兆，但打碎盘、碟则意味着富贵和幸福，因此在喜筵、寿筵和其他隆重的场合，人们还特意打碎一些碟盘表示庆贺。

目前，"先生""同志""公民"在俄罗斯都可使用。商务、媒体和官方机构中，人们习惯互称"先生"；而苏联时期普遍使用的"同志"，现在国营企业、军队、公安部门仍在使用；至于"公民"一词，通常在公共场所使用，如火车站、商店等。当然，对妇女的称呼，如"女士""小姐""夫人"等也可在一些场合使用。交谈时，常称呼某些职衔，如"教授""工程师""上校""博士"等，但俄罗斯人不习惯称对方的具体职务，如"司长""处长""董事长""总经理"等，更不把姓名与其职务连在一起。对称呼"您"和"你"界限分明："您"用来称呼长辈、上级和不熟识的人，以示尊重；而"你"则用来称呼熟人、朋友、平辈、晚辈和儿童。这点与我们相同。俄罗斯人的名字由姓、名、父名三组词组成，对姓名的称呼有点特别：只在正式文件中才使用全称；在日常生活中，人们不称呼姓，只称对方的名和父名,有尊重、客气的意思;若只称名,如安德烈,或称爱称——安德留沙等,则是熟人、家人对其的称呼;多年的老友之间,有时还以其父名称呼,更显得亲密无间。

俄罗斯人讲究仪表、注重服饰。冰天雪地的莫斯科街头,时髦女郎的长筒靴、单丝袜、超短裙、银狐或蓝狐等裘皮盛装,把这座城市打扮得美丽动人。不过,日常男女则多穿西装、西装套裙或连衣裙。上班或参加社交活动,女士都会认真化妆,仔细审视衣饰搭配是否妥当,纽扣是否一一扣好。普遍认为,不系纽扣或者将衣服拎在手上、搭在肩上、围在腰间,都是不文明的表现。在俄罗斯民间,已婚妇女必须戴头巾,且以白色为主;未婚姑娘不戴头巾,但常戴帽子。晚间出席音乐会、观看演出,尤其是观看芭蕾舞剧,人们更讲究衣着,不少人会穿晚礼服,文明高雅。

多人握手时,忌交叉形成十字;隔着门槛,不可与人交谈和握手。赠送礼品忌赠刀叉等带有利刃或齿状的物品以及手帕等;把金钱当礼物送人,会被对方认为侮辱其人格。过分赞美人,会让人感到虚伪或居心叵测。恭维别人身体保养好,易让人感到不快。忌提前祝贺他人生日。

俄罗斯人爱整洁,乱扔垃圾会受到谴责。在公众场合卷裤腿、撩裙子、剔牙以及蹲在地上或席地而坐等,都是失礼行为。

四、法国

法国人性格开朗,待人热情,即使对陌生人也常会打招呼问好。常见的社交礼节是握手。女子握手可戴着手套,而男士则需摘下手套。少女向年长者常施屈膝礼。男士、女士相见,多亲面颊或贴面。男性之间互亲面颊也很流行。上层社交流行吻手礼。在法国"女士优先",对女子谦恭礼貌被当作是男士有教养的标准。介绍人们相识,先介绍女士，拜访或告别，先向女主人致意和道谢。日常生活中，人们彬彬有礼，礼貌语言不离口，稍有失礼，如不小心触碰别人，马上会道歉，说声"对不起"。公共场所，听不到大声喧哗。法国人性格爽朗、幽默、浪漫，善于雄辩，好开玩笑。

法式大餐世界闻名。它选料广泛，加工精细，烹调考究，花色繁多，鲜嫩味美。法国餐饮礼节复杂，细节甚多。诸如听女主人招呼或在其展开餐巾后，才可进餐；入席时从座位左侧就位，坐姿端正，手可搭在餐桌边缘，但两肘不可支在桌上；敬酒先敬女士后敬男士；干杯时，即使不会喝酒，也需将酒杯触碰一下嘴唇，以示礼敬；席间交谈，应停止进餐，将刀叉成"八"字状或交叉停放在盘上，且刀口向内、叉齿朝下；吃完一道菜，将刀叉并拢收于盘内，叉齿朝上，以便侍者收走；吃牛排，先从左边切起，吃一块切一块；嘴里吃进骨、刺等需要吐出时，应以叉接持，或用手指轻轻取出，再放到餐盘边沿上，并应尽量避开他人视线；用叉取食豆类等配菜，可用刀将其轻拨到叉上，送入口中；餐桌上调料瓶较远，应请别人传递，不可站起自取；嘴角油渍，只可用餐巾一角轻轻按一下，不可用力擦拭。法国人逢餐必酒：餐前酒，多为威士忌、罗姆、利口酒等低度甜酒；餐间酒为葡萄酒，若主菜是海味，则佐以白葡萄酒，若是肉类、野味，常以红葡萄酒配之；餐后酒以白兰地为多。

巴黎是世界时装之都。巴黎时装精致、华丽、优美，享誉全球。公务场合，男士穿西装，女士通常则穿套裙或连衣裙。颜色多为蓝色、灰色或黑色，款式新颖，质地优良。隆重场合，如庆典仪式，男士多穿带有蝴蝶结的燕尾服或深色西服套装，女士则为连衣裙式的单色大礼服或小礼服，且注重发型、手袋、帽子、鞋子、手表、眼镜等与着装协调一致。法国妇女爱打扮，如口红，种类繁多，早、午、晚都不一样。巴黎时装往往会成为世界新潮流的宠儿。

法国人初次见面不送礼，否则会被视为行为粗鲁。再次相见，一般需送些小礼物，常见的有法国本地产的香槟酒、白兰地等。此外，他们喜欢品位高雅、有审美价值的艺术品，如唱片、画册等，我国的剪纸、京剧脸谱等工艺品也受欢迎。选择礼品讲究多。如香水是送给亲密朋友的，不可随意送给一般关系的女士，否则有过分亲密之嫌。不宜送刀、剑、剪刀、餐具等，这些常被认为会割断双方关系。接受礼品时，若不当面打开包装，则是一种失礼行为。

日常法国人以花为礼，只送单枝。除了表达爱情外，不能送红色花；忌送菊花、康乃馨等黄色花，认为黄色花象征不忠诚；菊花、杜鹃花适用于丧葬仪式，花枝为双数。法国人认为黑桃图案不吉利，忌仙鹤图案，忌讳"13"和"星期五"，认为这个数字和时间暗藏凶险。

五、巴基斯坦

巴基斯坦人热情好客，讲究礼节，待人诚实。尊称别人时，常常是称姓加头衔。男性之间见面多以握手、拥抱为礼，并伴随"真主保佑你"等。女性之间见面通行拥抱和吻礼，先拥抱，再吻对方两颊，如此需3遍。

迎接久别相逢的挚友、贵宾或亲人，通常会献上花环并在迎宾路上撒花瓣。在西北部地区，逢贵客临门，主人会献上头巾帽、刀、剑和羊。客人一面表示感谢，一面用手摸一下羊的身子，表示接受主人的贵重礼物。在信德，主人会向登门拜访的客人赠送名为"艾吉拉格"的彩印被单。过新年，妇女们随身携带红粉出门，向亲友道喜并将红粉涂在对方前额上，以示抬头见喜、大吉大利。

巴基斯坦男式传统服装为宽松长衫、长裤，即使在炎热的夏天也不穿背心、短裤等短衣服，更不会打赤膊。但可穿凉鞋，甚至赤脚。天冷，会披一条毯子，但不穿棉衣或毛衣。正式场合穿西服，喜欢戴帽子。参拜清真寺，必须脱掉鞋子。平时，女性需穿长袍，不穿裙子，不露胳膊和腿部，头巾包头，从头顶到两肩，将头发、耳朵、脖子包住；脸蒙面纱，把脸、嘴部遮盖起来，只露眼睛。她们喜欢将手、脚指甲染成深红色，且身上佩饰丰富多彩，如耳饰、颈饰、臂饰、鼻饰、足饰等。佩戴鼻环，是已婚标志。

客人来访以及进餐，由男主人陪同，女主人不出面。他们招待客人，常用甜菜泥、西式点心、染色的甜米饭、甜发面饼。饭后，请客人吃梨、柑、橙、香蕉、葡萄等水果。平时，人们习惯早餐时喝糖奶茶、吃点心。法律规定，上班的工作人员每天上午和下午各有一刻钟的饮茶时间。由于天气炎热，吃饭时必备冰水。

巴基斯坦人喜欢绿色、银色、金色，尤以翡翠绿为最；不喜欢黄色、黑色。

在国际交际中，礼宾是一项很重要的工作，许多外事活动，往往是通过各种交际礼宾活动进行的。一般来说，各种交际活动，国际上都有一定惯例，但各国往往又根据本国的特点和风俗习惯，有自己独特的做法，我们在对外交往中除应发扬我国礼仪之邦的优良传统，注意礼貌、礼节之外，还应尊重各国、各民族的风俗习惯，了解它们不同的礼节、礼貌的做法，从而使得我们在对外活动中真正做到不卑不亢，以礼相待。

第一，举止。在外事活动中，举止要落落大方、端庄稳重，表情要自然诚恳、和蔼可亲，不能不拘小节。站时，身体不要东歪西靠，不要斜靠在桌面或倚靠；坐时，姿势要端正，不要跷脚、摇腿，也不要显出懒散的样子，女士不要张开双腿；走路时，脚步要轻，如遇急事可加快脚步，但不要慌张奔跑；说话时，手势不要过多，也不要放声大笑或高声喊人。

第二，谈吐。在与外宾交谈时，表情要自然，态度要诚恳，用语要文明，表达要得体。别人在与他人个别交谈时，不要凑前旁听。若有事需与某人谈话，应待别人说完。交谈中若有急事需要离开时，应向对方打招呼，表示歉意。在与外宾交谈时，不要打听对方的年龄、履历、婚姻、薪金、衣饰价格等私人情况。同外国人交谈，最好选择喜闻乐道的话题，诸如体育比赛、文艺演出、电影电视、风景名胜、旅游度假、烹饪小吃等，大家都会感兴趣。这类话题使人轻松愉快，能受到普遍欢迎。如果对方主动谈起我们不熟悉的话题，应该洗耳恭听，认真请教，千万不要不懂装懂，更不要主动同对方谈论自己一知半解的话题。

第一部分

艺术修养

第4章
认识艺术修养

艺术修养亦称"艺术素养",指人对艺术的感受、体验、评价和能动创造的能力,是"审美修养"或"美学修养"的主要内容,从广义的角度而言,包括对艺术理论、艺术史知识的掌握,对艺术创造、艺术鉴赏、艺术发展规律的理解,以及对艺术的感受力、想象力、判断力、理解力、创造力等。马克思认为,如果一个人想得到艺术的享受,他本身就必须是一个有艺术修养的人。

第一节 艺术修养概述

艺术修养是一个人素质的重要体现,它会对一个人的情操、品格、气质以及审美眼光产生重大影响。艺术家之所以成为艺术家,其个人的努力起着决定性的作用,这种个人努力就是艺术修养,艺术修养的深浅决定着其作品艺术水平的高低。

艺术源于生活,同时也服务于生活。艺术是提升个人素养和能力的重要途径,有助于培养人的认知能力、创造能力、审美能力。拥有了这些能力，你可以更好地理解这个世界，用美的方式改进自己的生活，调解自身情绪等。提高艺术修养最终还是为了提升生活品质，能够使你更好地享受生活，提升品位。

在现代的日常生活中，随着人们审美能力的不断提高，对生活品质的要求也越来越高。生活中，处处存在着具有艺术感的造型，艺术已完全融入人们的生活，且不可或缺。随着我国经济的发展和人民物质生活水平的提高，人们已经越来越多地将目光投向丰富的精神生活，而艺术修养的培养则是精神生活不可或缺的重要组成部分。个人良好的艺术修养是建立在对艺术的理解和认识，艺术的鉴赏能力及其艺术的创造能力三个方面之上的，且必须对这三个方面有着综合的认识及深刻的体会。

培养和提高一个人的艺术修养不是一朝一夕的事情，是一个长期的过程，要通过对艺术美的理解和认识，培养艺术鉴赏力及艺术创造力。不仅要认识艺术，还要体会到艺术美给人带来的享受，懂得欣赏艺术，积极创作艺术，才能使一个人的艺术修养得到深层次的提高。

一、艺术修养的概念

艺术修养是艺术家主观认识生活中的自然美、社会美等在其艺术作品中反映出来的一种水准。由于艺术家在认识生活、理解事物上的观点、角度、理解能力等方面不尽相同，所以，反映在各艺术家作品中的艺术气质、艺术修养等在综合效果上自然也不相同。可以说，艺术作品是艺术家艺术气质、艺术修养以及艺术家自身基本功或艺术功力的综合反映。

艺术修养实为艺术家在社会生活或生产实践中对于一切事物在艺术范畴内的一种精神状态上的思维反映，这种反映通过空间艺术表达手段或时间性艺术表达手段形象化地将这种美感记载、记录下来，再通过某种传媒方式宣传开来，接受者便会或快或慢地感受到艺术家或一般作者的形象思维烙印性的东西。艺术修养是一个艺术家不可缺少的，他也需要具有一定文化知识。学识修养将会帮助艺术家从整体上提高艺术修养的境界。艺术家之所以成为艺术家，其个人的努力起着决定性的作用，这种个人努力就是艺术修养。艺术修养的深浅决定着其作品艺术水平的高低，因此，艺术家为更好地从事艺术创作，承担社会责任，就必须不断学习、锻炼和培养，多读、多练、多实践，不断加强自身思想、知识、情感、艺术等方面的修养，逐渐形成个人风格，从而实现以创作服务社会、反映生活的目的。文化修养是艺术家必备的素质，文化修养制约着艺术家的创作水准。

艺术家的最高境界就是创作出真正属于自己独特的东西，别人根本模仿不来。任何一个艺术家都是在一定的家庭，一定的社会制度和社会生活、一定的民族文化以及一定的世界潮流与时代精神等因素的影响与熏陶下逐渐成长起来的，因此，每个艺术家的生活内容、思想感情、文化意识及审美情趣等无不打上这些方面的印记。艺术家通常是按照"学问要博，生活要广，认识要深，情感要真，立意要新，想象要丰富锐敏，意象要包含意蕴，形象要栩栩传神"的审美要求和标准进行创作的。这些要求和标准都需要艺术家具有深厚的、丰富的个人修养。

二、艺术修养的范畴

艺术修养范畴是一个大的话题，覆盖面是很广阔的，艺术家是艺术生产的创造者，要成为一名合格的艺术家，必须具备一定的基本修养。下面笔者主要从丰富的生活经验和知识素养，性情、人格境界与情感修养，发现的目光和思想修养三个方面简要分析艺术修养的范畴。

（一）丰富的生活经验和知识素养

要成为杰出的艺术家，必须具备广博的知识和合理的知识结构。若只有精湛的技艺而无深厚的知识积淀，即使作品再精彩，也难以产生深刻影响。因为艺术家要表现的对象是整个社会人生与大千世界，故无论自然科学、社会科学还是艺术理论、生活知识都要涉及。

（二）性情、人格境界与情感修养

艺术家应该胸怀坦荡，无私无欲，涵养真性情。庄子就深得艺术创作的真谛，他深深地懂得艺术家具有真性情在创作中的重要作用。

情感是艺术的重要特征，无感人的审美情感就没有艺术美。对艺术家而言，尤其需要强烈的健康感情、完善的审美情感与独立的人格。从创作欲望的激发到意象形成，由艺术构思到物化成作品，艺术家始终激情洋溢。艺术家的情感是群体、大众情感的凝聚。其情感是日常生活情感的升华，要求品位更高，有独立完善的人格，威武不能屈，贫贱不能移，富贵不能淫。高尚的情感才能体现其人格魅力，才能使作品更具生命力，产生更久远的影响。

所谓性情，是指人们对待世界的一种态度，它顺其自然，真挚诚恳，不矫揉造作。人格境界是指建立在真性情之上的自我道德完善高度，形成一种境界超拔的精神实体。真性情与人格力量是相互关联的，没有真性情，人格境界就无从立足；人格境界低俗，真性情难见发挥。因此，真性情是艺术家对待世界与人生的态度，人格力量是在真性情的人生实践中凝聚的精神实体。艺术家需要的就是真性情，因为它可以使他们保持对世界与人生的真挚态度、探求兴趣、自由想象与大胆创造。艺术家的天性注定了他不能变得虚伪，不能变得世俗。

(三)发现的目光和思想修养

精湛的艺术作品常折射出艺术家深邃的思想。艺术家只有对人生真谛和社会发展规律进行精深的体察与领悟,形成独特的认识和精辟的见解,才能创造出优秀的艺术作品。凡在艺术史上留下光辉一页的艺术作品无不具有独特的思想意义与哲理光彩。它们的产生正得益于艺术家的深刻思想修养。思想修养与人生观、价值观、审美观密切相关。

第二节 艺术鉴赏

艺术鉴赏是指读者、观众、听众凭借艺术作品而展开的一种积极的、主动的审美再创造活动。鉴赏的本身就是一种审美的再创造。它是人们对艺术作品进行的非反思性的审美接受活动。是人们在接受艺术作品的过程中,通过感知、情感、想象和理解等各种心理因素的复杂作用进行艺术再创造,并获得审美享受的精神活动。

一、艺术鉴赏的特征

第一,充满感性与理性。
第二,充满情感与想象。
第三,充满积极主动的审美再创造。
第四,充满审美通感与个人审美的偏爱与差异。

二、艺术鉴赏活动展开的基本条件

第一,艺术品必须是具有审美魅力、审美内涵、审美价值的审美对象。

第二，鉴赏者必须是具有一定艺术素养、文化知识、生活阅历、审美能力的审美主体。

第三，鉴赏者必须和审美鉴赏对象之间建构起相应的审美关系。

三、艺术鉴赏的意义

概括起来讲，艺术鉴赏作为一种审美再创造活动，主要体现在以下几个方面。

第一，艺术家创作出来的艺术品，必须通过鉴赏主体的审美再创造活动，才能真正发挥它的社会意义和美学价值。

第二，鉴赏主体在艺术欣赏活动中，并不是被动、消极地接受。而是积极主动地进行着审美再创造。

第三，从最根本的意义上讲，艺术鉴赏同艺术创作一样，也是人类自身主体力量在审美活动中的自我肯定与自我实现。

四、艺术鉴赏力的培养与提高

第一，艺术鉴赏力的培养与提高，离不开大量鉴赏优秀作品的实践。

第二，艺术鉴赏力的培养与提高，离不开熟悉和掌握艺术的基本知识和规律。

第三，艺术鉴赏力的培养与提高，离不开一定的历史、文化知识。

第四，艺术鉴赏力的培养与提高，离不开相应的生活经验与生活阅历。

第五，美育与艺术教育在培养和提高艺术鉴赏力方面，具有特别重要的地位与作用。

五、艺术鉴赏中的心理现象

1．艺术鉴赏中的多样性与一致性

（1）多样性。

艺术鉴赏中的多样性是客观存在的，它反映出人们精神生活需要的多样性。艺术之所以包括文学、戏剧、电影、音乐、舞蹈、美术等许多不同的门类，正是为了满足人们在艺术鉴赏方面的多样性要求。而在每一个艺术门类中，又有许多不同的体裁和样式。

（2）一致性。

艺术世界是多姿多彩的，人们的鉴赏需要和审美趣味也是多种多样的，然而，艺术鉴赏的多样性中又可以发现某种一致性，一致性正是寓于多样性之中。

2．艺术鉴赏中的保守性与变异性

（1）保守性。

就是鉴赏主体审美经验中的定向期待视野，是指人们的鉴赏趣味习惯于按照某种传统的趋向进行，具体表现为鉴赏活动中，人们的种种偏好与选择，以及各种不同的欣赏方式与欣赏习惯，常常具有某种定势或趋向。这些不同的倾向和方式往往与观众的文化层次和美学修养有关，也经常带有时代与民族的共同特色。

（2）变异性。

就是鉴赏主体审美经验的创新期待视野，是指随着时代的前进和社会生活的变化，以及国际文化交流的发展和大众审美水平的提高，人们的欣赏习惯与审美趣味也在发生变化。

六、艺术鉴赏的审美心理

1．注意

鉴赏艺术作品显然离不开"注意"的心理功能。艺术鉴赏的最初阶段，就需要鉴赏主体的整个心理机制进入一种特殊的审美注意或审美期待状态，从日常生活的意识状态进入艺术鉴赏的审美心理状态，使主体从实用功利态度转变为审美态度。

在艺术鉴赏中，"注意"这个心理功能还有另外一个重要作用，就是把感知、想象、联想、情感、理解等诸多心理要素指向并集中于某一特定的艺术作品，并且保持相当一段时间的注意稳定性。

2．感知

艺术鉴赏心理是以感知为基础的，它包含感觉和较复杂的知觉。

艺术鉴赏活动的真正开始，是感知艺术作品。艺术作品首先是以特殊的感性形象作用于人们的感觉器官。艺术之所以区分为视觉艺术（如绘画）、听觉艺术（如音乐）和视听艺术（如电影），正是由于这些艺术门类采用了不同的艺术媒介和艺术语言，因而作用于人们不同的感觉器官。

审美感知在表面上是迅速地和直觉地完成的，但它却是人的一种积极主动的心理活动，其背后潜藏着鉴赏主体的全部生活经验，当然，还少不了联想、想象、情感、理解等多种心理因素的积极参与。

3．联想

联想可以分为接近联想、相似联想、对比联想、因果联想、自由联想和控制联想等。

联想在审美心理中有着不容忽视的地位和作用。联想不仅使得艺术形象更加鲜明生动，而且能使感知的形象内容更加丰富深刻，从而使艺术鉴赏活动不只是停留在对艺术作品感性形式的直接感受上，能够更加深入地感受到感性形式中蕴含的更为内在的意义。音乐欣赏中，联想这一心理活动就大量存在。

艺术鉴赏中的联想必须以艺术作品和艺术形象作为依据，不能离开作品的内容和情绪。这种联想应当是在作品的启发下，针对艺术形象而进行的。

4．想象

艺术创作不能离开想象，艺术鉴赏离开了想象也同样无法进行。想象可以分为创造想象和再造想象两种类型：艺术鉴赏活动以再造想象为主，同时也包含一定的创造想象。

艺术鉴赏活动中的想象与艺术创作活动中的想象二者之间既有联系、又有区别。作为想象，二者都是飞跃的，不受时间和空间的限制，变化无穷，具有能动性和创造性。但是，前者又必须在后者的基础上进行。鉴赏主体的想象必须以艺术作品为依据，只能在作品规定的范围和情境中驰骋想象，艺术作品对鉴赏活动的想象起着规定、引导和制约的作用。

5．情感

艺术鉴赏中，情感作为一种审美心理因素，具有非常重要的地位与作用。强烈的情感体验，正是审美活动区别于科学活动与道德意识活动的人为显著的特点。

艺术鉴赏活动中，情感总是以注意和感知作为基础。心理学认为，人的情感总是针对特定的对象而产生的。世界上没有无缘无故的情感，日常生活中，人们常会"触景生情"，在艺术鉴赏中也有这种情况。艺术鉴赏中的情感与联想和想象密不可分。一方面，联想和想象常常受到鉴赏主体情感的影响；另一方面，这种联想和想象又会进一步强化和深化情感。因此，鉴赏中的联想与想象总是以情感为中介的。

6．理解

艺术鉴赏心理中的理解因素并不是单独存在的，而是广泛渗透在感知、情感、想象等心理活动中，构成完整的审美心理过程。因此，审美心理中的理解因素不同于通常的逻辑思维，往往表现为一种似乎是不经思索直接达到对于艺术作品的理解。

艺术审美心理中的理解因素至少有以下三层含义：首先，对于艺术作品内容的鉴赏离不开理解因素；其次，对于艺术作品形式的鉴赏离不开理解因素；最后，对于每一部艺术作品内在意蕴和深刻哲理的认识更不能脱离理解因素。

七、艺术鉴赏的审美过程

1．艺术鉴赏中的审美直觉

所谓审美直觉，是指人们在审美活动或艺术鉴赏活动中，对于审美对象或艺术形象具有一种不假思索而即刻把握与领悟的能力，使人刹那间暂时忘却一切。聚精会神地观赏它，全部身心沉浸在审美愉悦之中。许多西方美学家都提到过审美与艺术活动中的直觉性。

审美直觉的重要特点是直观性和直接性。直观性是指鉴赏主题必须亲身参与和直接感受。而直接性常常表现为一种不假思索地直接把握或领悟，这种把握或领悟又常常在一瞬间完成，无须通过逻辑判断或理性思维。

2．艺术鉴赏中的审美体验

艺术鉴赏中的审美体验是整个审美过程的中心环节，是指鉴赏主体在审美直觉的基础上，达到艺术审美活动的高潮阶段，调动再创造的想象力和联想力，激起丰富的情感，融入艺术作品，获得心灵的审美愉悦，把外在作品中的艺术形象转化为鉴赏者自身的生命活动。

审美体验阶段主要是鉴赏主体反作用于艺术作品，整个心理活动处于一种主动状态，体现为一种积极的审美再创造活动。

在审美体验中，鉴赏主体的审美想象越丰富，审美理解越透彻，那么他的审美情感就会越强烈、越深刻。

3．艺术鉴赏中的审美升华

作为艺术鉴赏活动的最高境界，审美升华是指鉴赏主体在审美直觉和审美体验的基础上达到一种精神的自由境界，通过艺术鉴赏的审美再创造活动，在艺术作品和艺术形象中直观自身，实现本质力量的对象化。

艺术鉴赏的审美升华，实际上就是鉴赏主体通过审美再创造活动，在鉴赏对象（艺术作品和艺术形象）中直观自身，实现人的本质力量对象化，从而引起审美愉悦，产生美感。

八、艺术鉴赏的一般规律在教育教学活动中的运用

艺术鉴赏是一种审美再创造活动，要求鉴赏主体在艺术欣赏活动中，并不是被动、消极地接受，而是积极主动地进行审美再创造。艺术家创作出来的艺术品，必须通过鉴赏主体的审美再创造活动，才能真正发挥它的社会意义和美学价值。它同艺术创作一样，也是人类自身主体力量在审美活动中的自我肯定与自我实现。教育者要想将艺术鉴赏的这种规律有效地运用于教育教学活动，需注意以下几个要点。

1．充分揣摩作品内涵

对艺术的欣赏不能停留在艺术作品的表象，而是要从审美心理出发去感受作品、感受艺术家，进而达到欣赏者和艺术家、个人审美经验和普遍经验的交融，甚至使欣赏者得到更深层次的升华，这才是欣赏的真正含义。

2. 引导受教育者主动参与

艺术鉴赏活动是主观和客观的统一,活动需要主体的直接参与。让全体学生参与动手实践过程,亲历探究过程。通过自主学习、研究性学习和合作学习,不仅能激发学生探究的乐趣,而且能培养学生的独立精神,帮助学生更好地理解作品的内涵,充分体现学生的主体地位。

3. 为受教育者提供理性指导

学生审美感知能力的提高和审美意识的培养离不开理性知识的引导。马克思曾说:"如果你想得到艺术的享受,那你就必须是一个有艺术修养的人。"在欣赏中把感性经验与理性经验相结合,才能知道它是美的,更能了解它为什么是美的。问题的关键在于怎样将概念深入浅出、通俗易懂地讲给学生听。要在一个系统性的整体教学中逐步发展,由低向高地发展。每个学生对作品的感性认识都是不同的,教师要让学生在自己和理性知识的指导下,通过与别人交流,使自身个体感受与艺术家创造达到基本统一的境界。尽量保持学生个体的一些感受,从学生的长远发展来看,这是有益的。

4. 自主探究,实现教育功能

艺术具有教育作用,这些都需要教师引导、帮助学生分析审美客体的形象、情节和作者的创作意图,尤其是一些具有感染力的细节需要深入挖掘,唤起学生的审美经验来感受作者的内心世界,再加以提出恰当的问题,引发心境共鸣。在这一过程中,学生往往不能独立完成由感知到共鸣的飞跃,需要教师帮助引发联想、想象,使情感体验得到强化进而达到情感共鸣。对于提出的问题不要急于得到统一的答案,而应该让学生各抒己见,给予学生更大的思考和体验空间,否则将影响学生的体验过程。艺术的教育功能是以审美价值为基础的,具有美学的意义和艺术的魅力。在艺术创作中,艺术家化"善"为"美",使艺术教育具有自己鲜明的特点。这种教育是使受教育者通过审美体验进而净化心灵，达到人格的完善。艺术鉴赏教育同时也具有娱乐功能，艺术的作用和功能是一个有机整体，通过"寓教于乐"来感染人，将艺术思想性寓于审美娱乐性之中。通过艺术欣赏教育，陶冶和净化人的情感，来培养美好和谐的情感和心灵，从而实现人格的建构。

第三节　礼仪与艺术修养

一、美与艺术

美与艺术不可分离，艺术美来源于现实美。美的自然现象，美的动植物，社会中的人的美以及环境的美都是艺术家们在创作时所撷取的对象。它们作为审美对象，进入艺术创作领域前，要经过艺术家的选取、提炼、加工和改造，只有这样，才能成为艺术作品中的美的事物。郑板桥在《题画竹》一文中说："江馆清秋，晨起看竹，烟光日影露气，皆浮动于疏枝密叶之间。胸中勃勃遂有画意。其实胸中之竹，并不是眼中之竹。因而磨墨展纸，落笔倏作变相，手中之竹又不是胸中之竹也。"郑板桥画竹经历了眼中之竹到胸中之竹再到手中之竹的过程。眼中之竹，是画家在实际生活中直接看到的现实中竹的美；胸中之竹，是通过画家的加工改造而形成的审美意象；手中之竹，是画家借助纸张笔墨对审美意象的传达和表现。它的美比现实中竹的美更加鲜明、集中、饱满，它的美根源于现实中竹的美。法国画家米勒在《晚钟》中描绘了这样一幅感人的画面：一对身体健康、衣着朴素的农民夫妇，在苍茫的暮色天空下，在田野里斜斜相对地站着。他们都低下了头，把手放在胸前，旁边倒着一辆手推车和一个装着马铃薯的篮子。这是他们辛劳了一天正要回家时，聆听到远处教堂的钟声，做起了晚祷。他们是那样虔诚、那样平和。这正是19世纪法国农村典型生活景象的再现,正是法国农村劳动人民纯朴、善良、忠厚的性格美的体现。这些美的景物和美的人则来源于现实生活。翻开艺术史册,徐悲鸿的《马》、吴作人的《鹰》、凡·高的《向日葵》、莫奈的《睡莲》、李可染的《漓江胜揽》、傅抱石与关山月的《江山如此多娇》、米开朗琪罗的《大卫》、达·芬奇的《蒙娜丽莎》、伦勃朗的《戴金盔的人》、罗中立的《父亲》、董希文的《开国大典》、潘鹤的《艰苦岁月》、詹建俊的《狼牙山五壮士》,这些艺术作品,无不展现出动植物的美、祖国锦绣山河的壮美、无与伦比的人体美、人的精神性格品质的美、人与人的社会关系的美,它们的美无不以现实美为根据和基础。

二、礼仪与丰厚艺术修养

艺术美源于现实美又高于现实美。一般来说,艺术美是指艺术作品的美,它是艺术家按照"美的规律"而创造出的事物的美。艺术家在把现实美转化为艺术美时,对现实生活中美的事物和丑的事物做出正确的审美判断,明确歌颂什么或反对什么,肯定什么或否定什么,因而创造出真正的美的艺术作品。古往今来,优秀的艺术家在其作品中不仅刻画美的事物,也刻画丑的事物,对丑的事物的刻画,艺术家以其正确的审美观对其进行判断和评价,从而揭露和鞭挞其丑恶的本质。因此,人们在鉴赏艺术作品时必然会受到艺术家世界观、道德观、审美观、价值观的影响和作用。在明辨美丑、善恶、是非的同时,思想得到启迪,情操得到陶冶,感情得到升华,能力得到提升。

著名作家雨果在《巴黎圣母院》中既塑造了年轻貌美、内心善良、纯洁可爱的吉卜赛少女艾斯米拉达,还塑造了外形奇丑无比、内心却极其善良的敲钟人卡西莫多，外形英俊潇洒、内心虚伪丑恶的卫队长菲比斯，外形阴险可恶、内心丑陋肮脏的副主教克洛德。雨果在进步审美观的指导下，热情地歌颂了艾斯米拉达和卡西莫多，并把美好的愿望赋予了他们。对菲比斯、克洛德的虚伪卑鄙，雨果进行了深刻的揭露和鞭挞。美与丑的鲜明对比，美的更美，丑的更丑，从而激发人们对美的热爱和追求，对丑的厌恶和痛恨。其实，不仅是文学，音乐、舞蹈、诗歌、影视、绘画、雕塑等艺术作用影响于人，也都会让人产生强烈的审美感受。"爱美之心，人皆有之。"人们追求美的仪表、美的语言、美的行为，而人们在艺术欣赏过程中，如读小说、听音乐、看电影、欣赏美术、舞蹈，会使自己受到艺术的熏陶，并在艺术美的感染下，美化自身的人格，增强自身的审美感知力，提高自身的审美鉴赏力，丰厚自身的审美修养。这些不仅会丰富礼仪素养的内涵，而且对提升礼仪素养大有裨益。

第四节　舞蹈艺术与礼仪仪态

　　礼仪和舞蹈在我国都有着悠久的历史，所谓"通五经贯六艺"，"礼"的内容指代生活中各类礼仪规范，"乐"则包含了音乐舞蹈等形式在内的表现艺术。《礼记》有着"礼者，天地之序也"等阐述。从我国先秦古籍中既可以一窥"礼"和"乐"的源远流长，也可以体会出礼仪文明及舞蹈艺术对人类社会生活的重要作用。

　　以仪态礼仪为例，仪态礼仪在表情上要求与他人交谈时，目光坦诚、亲切、炯炯有神，有教养、有气质的仪容仪表和舞者稳重文雅的动作形似更神似。那么，与礼仪相关的仪态和舞蹈之间有什么微妙的关系呢？对二者关系的探讨在现实生活中又有何意义呢？

人在社会中生存发展，时刻都需要处理主观个体和客观环境的矛盾，愈是想要达到美的境地，愈是需要保持内外一致的和谐。人体美不仅是仪态美的试金石和闪光点，也是舞蹈美的基础和有机构成。礼仪仪态和舞蹈艺术在形式上依托于人外在的体态表现，但是礼仪仪态与舞蹈艺术的实质关系，犹如"泾流合渭流，清浊各自持"一般，既相互联系又相互区别。

一、相互联系："泾流合渭流"

合乎礼仪的仪态和具有艺术魅力的舞蹈都是一个人精神生活充实、内心情感丰富的体现，它们在产生上同源。"礼仪"中的"礼"和"仪"相生相成，"礼"是"仪"的内在基础，富有涵养、品德高尚的人才有可能被他人尊重。"仪"即合理适宜的言语谈吐、动作举止。"礼"通过"仪"展示出来，个人的仪表与仪态，是其修养、素质、文明程度的表现。舞蹈是艺术化的人体动作，是人类审美意识和情感表达在人体动态形式中的对象化。君子有礼，风度翩翩，以餐饮礼仪、修饰礼仪等组成的礼仪文化，在生活中的各个方面都体现出对人的一种"束缚"。这种"束缚"对内心贫瘠、毫无自觉意识的人是不起作用的，反之，唯有"腹有诗书"的人自成风格。正如《红楼梦》中"秉绝代姿容，具稀世俊美"的林黛玉自幼读书习字，知情晓理，精神风貌独特，惹人怜惜；"一身诗意千寻瀑，万古人间四月天"的近代才女林徽因在建筑、文学方面贡献卓越，流芳后世。如此，"吾善养吾浩然之气"，内在有"气"，外修得以显气质。

舞蹈艺术的产生也是源自人心理情感的表达欲望，或者说"模仿、表演、观看"三种本能，"为了娱乐、有所寄托是表演艺术得以发生的全部心理基础"。例如舞剧，以舞蹈为主要表现手段，表演者在舞台上完全依靠形体的表现力来完成所有的戏剧要求，或阐述主题思想，或展现焦点冲突，或塑造人物性格。舞剧的演绎者需要做好"台下功夫"，这所谓的"功夫"就是观察、体悟自己所要演绎的角色。一旦表演者成熟，具有演出上台的功底后，他对角色的演绎就有了自己的特色。另外，礼仪中所讲求的仪容仪态和舞蹈表演在表现形式和意义上均给人以美的感官体验和精神愉悦。舞蹈艺术和文学作品一样，源于生活又反映生活，是雅俗共赏的艺术形式。舞蹈所表现出来的人体，是由心灵驾驶的人体；舞蹈所体现的心灵，是人体外化的心灵。舞蹈以肢体语言形式，以内在的心动、情动去驾驭外部的形动。"形象行动"于外可以通过各式的表演手段呈现出韵律美、动态美、节奏美等，为观者带去心灵震撼和艺术熏染。《天鹅湖》《千手观音》《孔雀飞来》等作品之所以颇受称扬，就是因为舞者让观众体验到美，这种美的实现基于肢体动作和内心的协调，也即情感的灵活外化（见图4.1）。

图4.1　舞蹈《孔雀飞来》

黑格尔在分析艺术作品的意蕴时说，艺术形象"显现出一种内在的生气、情感、灵魂、风骨和精神，这就是艺术作品的意蕴"。舞蹈表演通过舞蹈语言和舞蹈形象，或由视觉形象或由听觉形象，在观者、表演者和舞台客观存在的三者之间构成了共同体。经典的艺术作品可以历久弥新，不断由演绎者创新出适时而变的个性特色。

反观礼仪中的仪态，其和舞蹈中的艺术形象都是一种外向的美，这种美同样会让人感到舒适，感到自己受到了洗礼，对客观对象致以敬意。中华人民共和国成立初期，周恩来总理出访其他国家和回答记者问题时，总会以深思熟虑的语言和整洁修饰的仪容表现个人礼仪修养，并侧面展现国家的综合实力和对礼节的重视程度，令外国友人赞叹不已，为我国多边平等的外交关系构建奠定良好基础。

礼仪仪态和舞蹈表演艺术在外在呈现上有着同构性特征，把握这一规律对提升现实生活的质量有着不可忽视的价值。比如舞蹈中的形体芭蕾训练，礼仪文化教育中的空乘仪态礼仪训练，二者的目的都是塑造优美的形体和优雅的举止。礼仪仪态的强化和舞蹈艺术的锻炼之间有着相互促进的作用；仪态和舞蹈的训练深刻影响着个人修养。当人们彬彬有礼，与人交往时举止得体文明，理所当然也会赢得周围人的尊重和欣赏；当观众为一场舞蹈的成功演出鼓掌喝彩时，心中油然而生的是对舞者的敬佩之情。据此可知，稳重端庄的仪态仪表与舞者以优雅的表演为观者烙印不可磨灭的印象、带给人心灵慰藉和治愈的效果等价。

二、相互区别："清浊各自持"

同时，应该看到礼仪仪态和舞蹈艺术是两种有着不同性质和范畴的概念。

首先，二者含义不同。礼仪是既为人们所认同，又为人们所遵守,是以建立和谐关系为目的的各种符合交往要求的行为准则和规范的总和。曾子避席、程门立雪、三顾茅庐、孔融让梨、相敬如宾、袍泽之谊等成语典故无不在褒扬着传统文明中的礼仪精神,或尊师重教,或孝老护幼。礼仪是一种待人接物的行为规范,也是交往的艺术。礼节自先秦时期就在国家层面的庆典和娱乐方面具有十分重要的作用。现代礼仪吸取了传统礼仪的精华,与人们日常生活休戚相关,成为社会所提倡的道德价值观的构成要素。礼仪文明"规范了人们在仪态现象方面的行为举止"。而舞蹈的外延多元,在文明起源时就有了舞蹈,从劳动人民群体中逐渐发展演变,最初的社会功用包括了运动、求偶、祭祀、礼仪等。现在的舞蹈种类异彩纷呈,为更好地研究舞蹈艺术规律,学者将舞蹈划分成了和文学作品一样不同的流派门类,基调或轻松或严肃,风格或古典或现代。舞者的素质、进行二度创作的能力以及舞台编导的才情共同影响着舞蹈作品的质量。

其次,二者适用范围不同。"礼"是孔子儒家思想的重要部分,在《论语》中提到的"孝、悌、让、恭、宽、恕、忠"和得体的仪态等都属于礼的范畴。孔子尚礼,认为礼能协调人际关系、处理社会关系,在不同场合与不同身份的人交往,必须遵循不同的礼仪。现代物质文明高度发达,但不能丢弃礼仪文明这样的精神根基,丧失立人之本,沦为水上浮萍。

舞蹈和文学、戏剧等是艺术的范畴,舞蹈的内涵要求就是"以蕴涵着感情、思想和理想而富有优美的动作性和动态性去创造生活的美、展示生活的美"。不管是实用舞蹈还是表演舞蹈,都是对现实世界的模仿,或自娱,或娱人,既是生活的添加剂,也是艺术的魅力体现。

尽管礼仪仪态和舞蹈都需要通过动作来表达人的内心,都是表现人物思想感情、塑造人物性格和精神面貌的一种手段,但是舞蹈表演需要技巧，有些舞蹈种类只适合专业的舞蹈人员，其动作具有高难度性，舞者必须通晓乐理。比如芭蕾舞演员要具备跳跃、旋转、翻腾、柔软、控制等基本功；拉丁舞和爵士舞对表演者双方默契度有很高的要求；民族舞往往需要搭配传统民族服饰；街舞和现代舞需要表演者有夯实的体能；敦煌舞极具地域文化风情，舞者风姿绰越、纤细秀丽，富有中国古典美（见图4.2）。

图4.2　敦煌舞

最后，特点不同。礼仪仪态和舞蹈的实现借助于不同的外物工具。舞蹈作为一种表演艺术，以音乐演奏和舞台布景为基础。以舞蹈内容反映生活、表现人物的思想感情是舞蹈存在的前提，以舞者自身的素养和演绎技巧为手段，促成舞蹈作品内容和形式的统一。

最早主要用来表达人类对天地鬼神敬畏、对美好生活祈愿的祭祀礼仪是礼仪文化的滥觞。礼仪仪式虽多数是集体性质的，譬如开盘仪式、签约仪式、毕业典礼等，借助的外物显然有别于舞蹈表演所需的纯粹的丝竹管乐、钟磬法器。其他譬如蒙古族新生儿的"洗浴礼"、回族的"开斋节"、藏族敬献"哈达"的礼节等，礼仪凭借的内容有着历时性特征，从传统发展至今不断适时而变。

礼仪仪态和舞蹈在互相区别的同时，又因二者兼具的包容性而相互联系：它们都是将特殊的内心情感与精神信仰倾注于人体外部活动的表现形式。舞蹈中也有礼仪。跳舞，跳的是艺术文化；仪态，传承的也是礼仪文化。作为一名舞者，发光的时刻并不仅仅只在舞池或赛场，每一次的举手投足，皆是优雅与风范；作为一位君子，饱读诗书的目的不仅是丰富个人精神世界，更是为待人接物中体现自己的修养，用合乎礼仪的言行影响并感化他人。

《诗经·陈风·月出》描绘道："月出皎兮，佼人僚兮。"礼仪仪态的讲求和舞蹈的训练对一个人内外修养的提升有着重要作用。内练涵养、外树形象，为谦谦君子，亦为娉婷佳人。

第五节　舞蹈礼仪与学生的艺术修养

舞蹈艺术是一门综合性的舞台艺术，它包括了演员、剧作家、编导、音乐家、美术家在创作上的紧密合作，可以说一个真正的舞蹈演员必须要具备完美的艺术修养。完美的艺术修养包括高超的舞蹈技术和表演技巧、主动的创作热情和独特的表演个性等诸多方面，舞者只有具备较高的艺术修养，才能完美地诠释作品，进行创造性的工作。所以，在舞蹈的教学实践中，除了对学生的舞蹈基本功以及舞蹈技巧进行磨炼外，还应该着重加强对学生舞蹈艺术修养的培养。

一、身体端正，文明优美

舞者在跳舞时要保证身体端正、舞姿优美。一般情况下，如果领舞为男士，领舞与伴舞之间要保持一定的距离，双方胸部应有30厘米左右间隔。在跳舞过程中，男女双方都要表情自然，不可长时间凝望对方。值得一提的是，男士不可把女士的手捏得太紧，不可把整个手掌全贴在女士的腰上，在跳舞时不能与女舞伴过分亲密。做旋转动作时，动作要温柔，不能把女士拖来扯去。女士在跳舞时也要注意与男舞伴保持相应的距离，例如不要把双手套在男士的脖子上，更不能主动把头俯靠在男方的肩上。

二、舞蹈礼仪的训练过程

1. 阐释舞蹈与礼仪的关系，使学生形成良好的礼仪意识

首先，要注意个人的行为举止，它真实地反映了一个人的素质、受教育的程度、能够被人信任的程度等。不论相貌，只要你举止端庄、落落大方，就会赢得他人的好感。例如有些人尽管相貌一般，甚至有生理缺陷，但是他知书达理，也能给人留下深刻的印象。一位哲学家曾说："相貌的美高于色泽的美，而秀雅合适的动作美又高于相貌的美，这是美的精华。"举止就是不会说话的"语言"，就是展示一个人才华和修养的重要体现，就是文明礼仪的外在形态。所以，恰到好处的举止，不仅塑造了一个好形象，在关键时刻更能帮助一个人走向成功。在学生开始学习舞蹈时就要培养其注意自己的言行举止的意识，引导其努力提升自己的舞蹈水平，形成文明礼仪行为。

2. 教学过程中，教师举止言行要以礼仪规范为标准

"亲其师，信其道"寓意着良好的师德形象。为人师表必须起到榜样的示范作用。这就要求教师在课堂教育中以身作则，注意舞蹈礼仪，进而潜移默化地影响学生。详细地说，舞蹈教师的日常行为都会成为学生模仿的对象。所以，教师的举止言行、仪表服饰、神态气质，甚至习性，都要以礼仪规范为标准。为此，舞蹈教师应从一点一滴做起、从自身做起，杜绝一切不健康的言行。首先，时时规范自己的言行举止，教学中使用普通话和文明用语。其次，教师的服饰要大方得体，要合乎体育舞蹈运动特点。在进行体育舞蹈教学时要精神饱满、举止大方。再次，将"以学生为本"的服务理念落实到教学活动中，要做到平等教学。教学中树立服务于教学、服务于学生的教学思想。最后，努力提升自己的专业技能和教学水平。在教学过程中，教师动作示范时不仅要到位、优美，还要具有感染力。只有这样，才会激发学生学习的兴趣和欲望。

3. 言谈举止实训法

没有人的形体先天就是完美的，一般都要通过先天条件和后天的努力来实现。即使是先天条件不优秀的人，经过后天的形体训练也可以达到形体美。作为当代大学生，特别是舞蹈专业的大学生，更要重视形体的训练。为了树立学生的形体美，教师要在舞蹈的实际教学中进行一系列形体礼仪的训练。这些系统的形态礼仪训练内容包括头部、身体和四肢的姿态以及学生们站立与行走姿态等。当然，仅仅进行上述形态礼仪训练是不够的，在进行这些训练的同时还要配合舞蹈的理论知识、音

乐旋律，以及舞蹈的基本步伐、动作等，适当地加入一些民族舞蹈的基本舞姿训练，如蒙古族舞蹈《鸿雁》（见图4.3），当形体训练与舞蹈完美结合时，学生的形体美和姿态美才得以充分体现。

图4.3　蒙古族舞蹈

一对一模拟训练手势语是舞蹈课堂上发挥重要作用的训练方法之一。在体育舞蹈中，学生可以用模拟训练的方法相互学习礼仪手势、身体姿势、面部表情等。从简单的自我介绍的手势到与人见面的握手礼，从如何传递友好的眼神到微笑地面对观众等，都需要一对一地模拟练习。这种一对一模拟训练方法不仅生动形象，而且能让学生在模拟中加深对礼仪手势语的印象。

当然，在课堂教学观摩活动中仅进行一对一的模拟训练是不够的，教师可以采用更加灵活的方式来提高学生的舞蹈礼仪素质，让学生分成小组进行课堂教学观摩就是有效的手段。鼓励同学们自愿上台，现场模拟舞蹈的礼仪动作。这样的教学活动会令学生受益匪浅。首先，能增强学生的自信心，克服表演时的恐惧心理；其次，多人合作的表演方式会加强学生的团队合作精神和表现意识；最后，多组的表演竞赛还会培养学生的竞争意识和创新能力。对表演的学生而言，真诚娴熟的礼仪动作的表演检验了他们的舞蹈技能和礼仪动作的配合程度；对观摩的同学来说，观看表演也是重温礼仪知识，查找自身不足的有效途径。

三、舞蹈艺术修养提升

对于每一个舞者来讲，舞蹈艺术修养的提升非常重要。要想增强舞蹈的教学效果、提升学习效率，就要在舞蹈技术教学的过程中，不断加强对舞蹈的历史文化的教学渗透，让每一个学生都能由内到外地、深刻地理解舞蹈形式。

1. 提升舞美知识

舞蹈的表现和灯光、舞蹈造型、舞台布置、演员的服装、演员的道具表现都是息息相关的，这些又都离不开美术，所以提升学生对舞蹈的艺术形式的敏感度，首先要丰富学生的美术知识，通过提升学生

图4.4 舞者的艺术修养

的美术修养,从而提升学生的艺术修养。在舞蹈教学过程中,可以结合舞蹈自身的展示示范形式,要求学生能简单地绘画即可,学生通过对简单的形式绘画的了解,既能够较快地认识艺术形象,还能更深层次地理解艺术形象。通过简单的绘画练习,逐渐提升学生对美的认识,提升学生对舞蹈的艺术感悟,从而更敏锐地发现舞蹈的美。

在丰富学生美术知识的学习过程中,要重视利用名家作品来提升学生欣赏美的能力,如带领学生欣赏画展,了解艺术作品的内涵。在教学中,注意培养学生对美的认识,利用特殊的室外景色,让学生感受现场的美感,扩展学生的思维,将理论与实践相结合,能够真正发现实践中的美,并具体应用到现实的舞蹈中。

2. 提升音乐素质

在舞蹈教学过程中,音乐素质是单独培养的,可通过上音乐课的形式培养学生的音乐素质。主要培养学生的音乐基本理论、音乐基本技能两大方面。音乐基本理论是每一个学生不可缺少的知识。由于舞蹈教学中经常会搭配多种风格的音乐,因此,在舞蹈课堂上就可能出现学生动作合不上节奏的情况,这是教师对培养学生节奏感的认识不足造成的,或者是学生对动作不熟练导致的。所以,要尊重音乐的节奏规律,迁就每一个学生割裂音乐的延续性,这将对学生的舞蹈学习帮助较大。如藏族民间舞蹈中的"踢踏""弦子""锅庄",都是以上下运动的形式为主,但由于不同的节奏处理,使它形成了不同的动作性质(见图4.5)。踢踏,膝关节上下运动频率快,形成了上下颤动的动律;弦子,膝关节上下运动频率放慢,形成屈伸的动律;锅庄,以屈伸为主要动律,但节奏铿锵有力,具有块状的整体运动感。这些不同的节奏,对于训练学生的内心节奏及表现力非常重要。

3. 提升思想层次

一个真正的舞蹈艺术家,他一定也是一个思想家。舞蹈艺术家只有深刻了解人生的价值真谛和社会的发展规律,才能完美地演绎舞蹈。思想修养与我们的世界观、人生观、价值观是息息相关的,所以,提升学生的思想层次,关键在于引导其树立正确的"三观"。

在舞蹈教学过程中,教师要利用自身的具体事例或者名家成长的事例对学生进行积极的引导,让学生端正舞蹈学习的态度,做到自我纠正;教师要利用自身的经验来引导学生,向着正确的方向出发,让学生对舞蹈事业拥有无限的向往;另外,还要利用舞蹈家的典型事例来引导学生正确对待理想与现实的关系。学习舞蹈不是一朝一夕能够完成的事情,需要持之以恒地面对学习中遇到的各种困难。教师在教学时要注重对学生进行正确的引导,从而提高学生的思想水平。

图2.5 藏族民间舞蹈

4．深化舞蹈的文化知识

舞蹈是一门综合的艺术，舞蹈的自身魅力更多地来源于文化意识的展现，对于舞蹈艺术修养的培养，文化层次的提升是关键。在舞蹈教学过程中，让学生了解、掌握多元化的舞蹈文化，不仅事半功倍，而且能够较快地实现预期的教学目标，让学生较快地体会舞蹈艺术的精髓。

文化和舞蹈有着不可分割的内在联系，文学知识为舞蹈提供了大量的素材，不同类型的文学风格为不同的舞蹈风格奠定了基础。具体来说，在古典舞蹈的教学过程中，单一地通过舞蹈技术的教学不能够完全展现具有中国特色的古典舞蹈，以及其中蕴含的意蕴。但是，通过在教学过程中对学生理论文化知识的培养，学生能够了解在特定历史时期古典舞蹈所包含的文化内涵，能够充分地、深刻地了解、掌握古典舞的风格特征。所以，对于不同地域的舞蹈教学来讲，艺术修养都是掌握舞蹈技巧的重要条件。

第5章 语言艺术

在交际活动中,语言的表达作用,集中体现在语言活动的整个过程中。从某种意义上讲,交际过程,实际上就是人们的心理活动过程。说和写、听和看,既是语言沟通情境的行为,又是人们相互间心理活动的反映,是人们的心理构成的重要成分,这是由于人的情绪和情感体验是借助于面部表情、动作姿态、语言和语调参与交际和沟通来实现的。交际活动可以充分展示交际者的语言心理。所以,在交际过程中,要重视言语交际的艺术。既然交际过程中的心理活动是通过言语活动过程反映出来的,那么,言语对于展现交际心理过程就至关重要。"良言一句三冬暖,恶语伤人六月寒。"交际双方融合还是神离,成功还是不欢而散,在很大程度上取决于语言艺术。

第一节 语言交际艺术

语言是文化的一个重要组成部分,甚至可以说,没有语言就没有文化,只有通过语言才能把文化一代代传下去。如果没有语言的交流，也就没有一个民族乃至一个国家的进步与发展。

　　语言是人与人交流中不可缺少的重要工具。我们的衣食住行，没有一样离得开语言的沟通与表达。在社会上与人交流时，语言会给人留下第一印象，所以，学会说话至关重要。生活离不开语言，比如同学们从学校毕业后，都将面临找工作的问题，在找工作的过程中，最重要的一关就是面试，而面试本身就是一个语言交流的过程，能否最终获取胜利就要看如何组织语言了。

　　语言是保持生活方式的一个重要手段。它是为了生活的需要而产生的。语言的交流可以让我们赢得良好的人际关系，可以让我们得到别人的理解与认可。不论时代发展得多快，人与人之间的交流永远都是最重要的。

一、语言交际原则

　　语言因交流而丰富。在人际交往中，语言不仅仅是一种交流工具更是相处艺术，在人际交往中注意到语言的艺术往往会起到事半功倍的效果。

（一）言语得体

　　言语既是交际心理现象，展现交际心理过程，就必须做到说话得体，恰如其分。任何夸大其词，或是不看对象，词不达意，都会影响交际心理的展现，妨碍相互间的交流。例如称呼别人就大有文章。两人见面，第一个词便是称呼，它既是见面礼，也是进入交际大门的通行证。称呼得体，对方会感到亲切、愉悦；称呼不当，对方就会不快、愠怒。交际中言语也要注意分寸，该说则说，不该说则一句都不说，说话的程度应视对象和交际目标而定。如果赞美对方，说他才华出众、聪明能干，而这些恰恰是他的不足之处，对方的态度可想而知。再如，两人争论问题，对方从全局考虑，做出某种让步，使问题得以及时解决，这时你诚意地称赞他说："你的风格真高，实在难得！"这种赞美往往适得其反，既然是真诚地赞美别人，又何必加上一句"实在难得"呢？

（二）言语真诚

其实言语得体也是出于真诚，话说恰到好处，不含虚假成分，能说不真吗？然而真诚还有它另外一面，那就是不能过于客套和过分地粉饰雕琢，以免显得做作。绕弯过多，礼仪过分，反而给人"见外"的感觉，显得不够坦诚。与人交际，谦逊礼让是有必要的，然而不分对象、不分场合，一味地"请""对不起"，可能会让人觉得"虚伪"。比如故人相聚，过分客套，令别人难为情，这就很难说是真诚，反而让人觉得不够直率和坦诚。许多情况下，我们需要直抒胸臆的言语艺术，是怎么样，就怎么说，还事物以真面目。直言不讳，是待人接物重要的语言技巧。例如，在进行自我介绍的时候，我们除了要看着对方的眼睛说话以外，还要让对方感受到我们的真诚，特别要注意说话的音量，一定要适当，咬字一定要清晰，说话的语速要有意识地放慢，如果两次介绍，对方都没有听清楚你的个人信息，大多数人是不会问第三次了。

（三）言语委婉

语言的表达方式是多种多样的，由于谈话的对象、目的和情境不同，语言表达方式也没有固定的模式。说话有时要直率，有时则要委婉，要视对象而定。直时不直，委婉时不委婉，同样达不到交际效果。言语委婉，与一个人的修养和语言组织能力有关，用什么言辞，用哪种语气，要结合当时谈话的内容。委婉恰当的语气，对方听得舒服，你的意见就容易被采纳。谈话要注意身份，不该说的话不说，低俗的玩笑不开。在一些场合，讲话要符合身份。领导在的场合，你谈论怎样管理员工，就不符合你的身份。

每个人都喜欢和好好说话的人交往。好好说话，大部分人都能听进去；大呼小叫，估计很难有人听进去，哪怕再有理，恐怕也没有人会理睬你。例如男女生谈恋爱时，男生忙于工作可能会忽略女生的感受，有的女生会说："忙的时候照顾好自己，不忙的时候记得想我。"而有的女生说："我想你了。"有的女生说："一天没和你联系了，感觉少了些什么。我们好有默契，你不言我不语，精神交流。"有的女生说："你今天怎么不理我？"当男生询问女生意见时，有的女生说："听你的。"有的女生说："随便。"不同的回答令对方产生不同的感觉。委婉说话令人感觉舒服。说话别急，想着说；说话别嚷，小声说；说话别直，委婉地说；说话别贬低别人，捧着说；说话别抬杠，商量着说；别自己先说，先让别人说。

二、语言的艺术化运用

生活中，有人喜欢高谈阔论，有人习惯低声细语，有人说话绵里藏针……无论是日常交谈还是正式发言，语言都可谓交流的工具、思维的载体。重视语言、善用语言，让语言释放智慧与力量，往往能达到事半功倍的效果。

（一）言之成理

"言贵于有物，无物，非言也。"就拿开会发言来说，一个人的讲话之所以能振奋人心、引起共鸣，关键在于相关语言都找到了恰当的支点，在事实和逻辑层面无懈可击，具有说服力。

（二）言之有德

同样一句话，不同的人讲往往会产生不一样的效果。纵观历史长河，誓言舍身为国、发出惊人之语者不在少数，他们终能流芳千古，为民族精神注入生动元素。反观那些"两面人"、投机者，纵然信誓旦旦、巧舌如簧，由于没有人格的光亮、缺少修养的支撑，说出来的话自然无法令人信服。

（三）言之共情

《文心雕龙》有言，"情者文之经，辞者理之纬；经正而后纬成，理定而后辞畅"。这是行文的典范，又何尝不是语言的真义？话语真情充沛、逻辑严谨，自然能生发出直抵人心的力量。轻视语言的力量、忽视语言交际的艺术，往往容易言不由衷、表意不明，甚至造成误解、触发矛盾。现实中，开会时，有的人一讲话，大家便皱眉摇头，原因何在？问题就在于这些讲话内容干瘪、细咂无味，要么是脱离实践的空话套话，要么是违背情理的废话假话。"口能言之，身能行之，国宝也。"当然，强调善用语言，也并不是提倡夸夸其谈，更不是否定行动的力量、落实的价值。语言是行动的影子，行动是语言的土壤。挖掘语言的宝藏，品味言语的艺术，有助于更好地传递信息、交流意见、沟通情感，也必将推动行之有恒、行之有格、行之有效。从这个角度来说，从真理中汲取营养，在信仰中涵养定力，于情感中激发共鸣，有利于激发语言的力量，最终做到知行合一、言行并举。

很多人在与他人的交往过程中，常常忽视了语言交际的艺术，一味想在语言上胜过别人。没有行动的言论，不过是一席空话。言论的力量虽然巨大，但是相比于行动，言论更像是虚无缥缈的气泡，稍有风波就会不攻自破。富兰克林说："永远不要正面违拗别人的意见。"其实，没必要和一些冥顽不灵的人争论、争吵，有些人固执己见，最后众叛亲离；有些人恶语伤人，最后孤身一人。有时候不回应、不理会，才是对恶言最大的反击。

第二节　非语言交际艺术

人类交际是语言交际和非语言交际相互依托、相互作用的结果。语言交际和非语言交际各有特点，在交际过程中共同帮助人们传递情感和信息。然而，在大多数情况下，人们过于重视那些能够听到或看到的语言信息，忽视大量间接、隐蔽却能够揭露真实含义的非语言信息，如表情、动作、语调、颜色、气味、时间、空间等。而以上述方法和手段为载体进行的非语言交际，则主要包括体态语（如手势、站姿等）、副语言（如音量、音调等）、客体语（如相貌、衣着等）以及环境语（如空间、时间）等类型。

美国心理学家阿尔伯特·麦拉宾通过实验发现，信息的总效果是由7%的文字、38%的音调和55%的面部表情与动作构成的。美国语言学家萨莫瓦则明确提出，在面对面交际中，信息的社交内容只有35%左右是语言行为，其他都是通过非语言行为传递的。这些研究和发现证实了非语言交际的重要作用。

在人类交际中，非语言交际的功能体现在诸多方面。非语言交际可以重复语言信息内容。人们在进行语言交际时，通常会伴随非语言信息，这些非语言信息重复语言信息的内容，能够加强语言信息的传递。例如，我们在与人见面打招呼时，除了说"您好"之外，还伴随点头、挥手等动作，这些非语言信息有助于更好地传达语言信息的含义。非语言交际能够替代语言信息内容。在语言无法沟通的情况下，人们可以使用非语言信息进行交际，例如微笑就可以替代打招呼的语言传达善意；在一些吵闹的环境下，人们可以用手势、眼神传递信息。在这些情况下，非语言信息实现了语言交际不能达到的效果。非语言交际还具有调控语言交际的作用。人们在交谈时常常会用语言的停顿、语调的降低、肢体碰触等非语言信息提示对方，表达自己要说话或已说完，从而影响整个对话的发展，起到调控说话进程及话题轮换的作用。非语言交际还可以修饰和补充通过语言交际所传达的信息。在交际过程中，交际者可以使用音调、表情、距离、手势等非语言信息来修饰、填补、加强语言交际试图传达的信息内容，弥补语言在传递信息时的不足。比如，在表达某件事情的严重性时，除了用语言词汇进行表达之外，还可以用声音的大小、语速的缓急、音调的高低加以补充；在描述物体大小时，除了使用度量数据说明之外，还可以用手势比画说明，使信息传达更加生动、具体。除此之外，非语言交际还能够表达与语言信息完全相悖的意思，一些下意识的表情和动作，会揭露谈话者的真实感受。比如，当一个自称不紧张的人出现声音发颤、手发抖的状况时，意味着他的字面意思并不是真正的信息内容。由此可知，非语言交际是掌握真正的交际信息、保证交际顺利进行的重要因素。

（一）非语言交际方式

你一定认识这样一些人，他们明明和陌生人刚认识，却能给对方一种相熟多年的感觉，相处起来非常自然，毫不尴尬，能迅速与他人打成一片，我们称之为"自来熟"。自来熟的人有什么"技能"？我们又该如何让自己快速融入陌生环境，改变人际交往上的被动、慢热？

开放的心态。自来熟的人在交友心态上更加开放，也更倾向于交朋友。如果你认为自己不擅长交际，可以思考以下问题：你是否对交朋友没有很大的需求，更愿意自己一个人待着？或者你认为自己并没有很好的交际能力，也没有什么优点和讨人喜欢的地方？又或者你总是很难从别人身上发现优点，也对他们并不好奇？显然，这些心态会阻止你和陌生人的结识。如果你能够调整心态，让自己在人际交往中获得乐趣，发现陌生人身上的优点并对他们感兴趣，并倾向于相信自己可以和陌生人建立友情，那么你就有了成为"自来熟"的人的先决条件。

非语言沟通。自来熟的人会应用更多语言之外的沟通方式。人际交往离不开沟通，而想要迅速获得他人的好感，确实有一些沟通形式上的小窍门。首先，多笑。笑是社交中一个强有力的武器，不仅可以充分表达好感和善意，还能够增强对方对自己的好感。其次，适当对视。心理学家罗伯特进行过"深情对视"练习，他要求参与者面带微笑、充满善意地看着对方8秒钟，结果发现，对视前后对比，参与者彼此间的爱慕程度平均上升7%，喜欢程度上升11%，亲密程度上升45%。最后，多用"我们"。在言谈间多用"我们"开头，会给人一种亲密以及共同体的暗示，迅速拉近两人的距离，比如把"你想喝点什么吗"换成"我们喝点什么吧！"

聊天内容很重要。因为彼此不熟悉，和陌生人聊天很容易尴尬、冷场或流于寒暄，而自来熟的人之所以能迅速深入交流，是因为他们很擅长运用两点：自我暴露和感同身受。自我暴露是指在自己讲话的时候，适当地透露自己的经历、感受和喜恶；而感同身受指在对方自我暴露的时候，你能够站在对方的角度去感受和理解对方。这两种方法不仅可以让谈话顺利进行，还可以充分表达你的信任、友善以及关心和好奇。

（二）网络交际

中国自古就是礼仪之邦，从面对面交流，到鸿雁传书，到电话传声，再到今天的网络聊天，社交媒介不断增加，要想获得良好的沟通效果，网络交际的艺术不可忽视。"嗯""呵呵"、微笑表情、再见表情……一些之前在网络社交中常用的词语和表情，现在却被认为是不礼貌的。网络社交似乎有了一套特殊的礼仪。随着信息时代的发展，微博、微信、QQ等社交软件影响着我们生活中的方方面面。"懂礼仪"这句话绝不只适用于现实生活，虚拟网络世界也需遵循。网络交际艺术不可不知，不可不学。

当前，互联网上并没有固定的社交礼仪范本，但大家集思广益，不断总结出一些需要注意的网络社交行为。以微信为例，包括有话直说，不轻易找人点赞、投票、抢票、砍价等；不要直接发起视频聊天请求，因为你不知道对方是否方便接听；能用文字尽量不用语音；不把群聊当成私聊小窗，以免影响到其他群成员感受等。不难看出，令人反感的网络社交行为都有一个特点：忽视了人际交往的边界，打扰到了他人。试想，假如这些行为发生在现实交往中，也会被人"拉黑"。

网络是虚拟的，但网线背后的人是真实的。实际上，对于一个网络社交平台，沟通顺畅与否最终还是取决于使用者。线上交流的确打破了空间的限制，极大地提高了沟通效率，但网络交流毕竟不像面对面沟通直接。见面谈话，双方的语气、表情都能一目了然，肢体动作、语言状态都能及时反馈信息。而网络交流更容易产生理解偏差。为避免误会，人们要重视网络社交礼仪，所谓"礼多人不怪"。

另外，也不用刻意将网络社交与现实社交区别对待。社交平台上的好友关系和现实的社会关系多有重叠，他们是亲戚、朋友、同学、同事。你有多重视现实中的社交关系，就得多注意自己在网上的言行举止。客观来讲，网络社交就是现实社交的一种延伸和扩展。在网上，如果不注意基本的礼仪修养和底线，在现实生活中也会受到负面影响。

网上社交，人们不仅要在"克己复礼"上多下工夫，还要有包容心。每个人的社交习惯不同，在了解了对方的"雷区"后，尽量规避。比如，明知道对方对"哦""呵呵"等网络用语有负面理解，那就要避讳。当然，还有专家认为，身处网络语境中，要随时跟随网络文化动态来调整自己的观念，不落后于潮流，也是社交礼仪水平的体现。

由于网络社交行为缺乏严格的把关、互联网本身又具有高度开放和共享的性质，网络社交环境下的信息及行为方式势必良莠不齐。要想塑造健康的网络社交生态环境，光从个人层面加强道德修养、礼仪规范的约束还不够，还需多方努力。对平台而言，要对使用者有"明文规定"的交往礼仪引导；在国家和社会层面，对于一些有违法倾向的社交行为，需立法加以规范。

据媒体报道，在几乎人人都离不开微信的当下，一条"最反感的微信好友"话题上了热搜。长语音、求点赞、定期清理好友……名列前茅的几个选项，大家的评论让人感同身受，甚至有人开玩笑称，微信语音消息是一个"让发送者激动，让接收者流泪"的功能。

仔细想想，这些问题的出现难道是因为微信的设计不合理吗？未必如此，微信，不过是一个社交平台，沟通是否愉快其实还是取决于用户本身。线上互动不受空间限制，极大地提高了沟通效率，但毕竟隔着一层屏幕，很难像当面沟通一样，通过表情和语气来感知对方的反应。这就意味着在线上沟通时更容易出现理解偏差，造成误会。因此，线下沟通是不可或缺的社交礼仪，网络交往也必不可少。

除了真诚尊重、平等适度等社交原则，网络社交礼仪也应有新发展，比如，少发语音、言简意赅、有话直说等都是网友建议的"微信礼仪"。但万变不离其宗，新礼仪也需要一颗"多从对方角度看问题"的同理心。以引发争议的微信语音为例，有研究显示，阅读100个字的信息平均需9秒，同样的信息通过语音接收则需22秒。这种"方便自己，麻烦别人"的做法，难免引起他人的反感。话虽这么说，但相信要是真有用文字难以表述清楚的事情，或是事发突然急需将消息发送出去，发几句语音，真正懂社交礼仪的聊天对象也不会将你拉入"最反感的微信好友"名单。

第6章 形象艺术

形象，从广义上说，是指"能引起人的思想或感情活动的具体形态或姿态"；通常指"人物的神情面貌和性格特征"。从哲学意义上说，是指事物自身内在素质的表现，是人们对其总体的印象和评价。在现实生活中，每个人的形象是个人内在素质和外在表现的综合反应。

个人形象，即对自身形象的定位、确立、维护和改善的认识，包括处于形象结构表层的外在形象和形象结构深层的内在形象，最直接地表现在外在形象的仪表和言谈举止方面。个人的内在形象主要指个人的素质。

第一节 化妆艺术

化妆艺术具有很强的技术性，这一特点使不少人误认为化妆不过是一门技术而已，进而常常使本可达到很高艺术品位，或本来就具有浓厚艺术气息的化妆沦为一种普通的，甚至公式化了的、机械化的技能，化妆师的地位也不高。其实，应当意识到，技术只是化妆的手段，艺术才是其灵魂，化妆技术的运用和发展必须服务于、服从于化妆形象的艺术创意。目前，在对化妆的看法中，时时存在着重技轻艺的倾向，这在理论上会阻碍化妆的艺术追求，在实践中会削弱化妆的艺术品格。千万不要让化妆事业沦为一种非艺术的、工匠式修修补补的纯技术。

化妆，在中国传统文化、东方习俗和西方礼仪里都是对他人尊重的表现。淡妆是最基本的礼仪，对他人表示基本的礼貌和尊重。化妆不是改变和遮掩，真实而自然的妆容可以让一个人更加有魅力。每个人都是独立的个体，通过化妆，突出自身或清秀，或妩媚，或素雅，或高贵，或华丽的特点，从而给他人留下深刻的印象。化妆是对别人和社会的尊重，同时也是自爱的初级礼仪表现。

个人良好的素质和高尚的道德情操体现其心灵美，需要个人的努力和较长时期的培养才能够达到。外表美，一种是天生丽质，不需要化妆就能楚楚动人，散发出的自然美；一种是自然条件不如前者，需要高超的技术手段和优质的化妆品来进行修补和装饰。所以说，化妆是一种艺术，一种创造"美"的过程。它不是随心所欲地发挥，具有一定的原则和要素，化妆的目的是突出脸部最美的地方，使自己更加生动迷人，让别人的注意力集中在自己的优点上，弥补自身不足。

一、中国化妆的起源与发展

化妆的起源仅用一种学说难以做出完整解释。各个社会时期的主导文化不同，其起源说法也各不相同，先后出现了驱虫说、狩猎说、巫术说和异性吸引说四种学说。化妆在不同时期的发展都有其时代特色。以下是中国各个时期的化妆特点。

（1）夏商周时期的特点。以刚健朴素、自然清丽和不着雕饰的女性为美。出现了眉妆、唇妆、面妆，以及妆粉、眉黛、面脂、唇脂、香泽等化妆品。

（2）秦汉时期的特点。化妆习俗得到很大发展，妇女开始注重容颜装饰，使用妆粉、胭脂、朱砂、墨丹、唇脂等化妆品来化妆。

（3）魏晋南北朝的特点。化妆技巧渐趋成熟，风格多样，用色大胆，以瘦为美。有白妆、额黄、斜红、花钿等面妆。

（4）隋唐五代的特点。隋代妆饰没有多变的式样，崇尚简约之美。唐代化妆则多姿多彩，表现出富丽华贵的整体妆饰风格，化妆技术发展到巅峰。唐代妇女的化妆顺序为：敷铅粉—抹胭脂—画黛眉—贴花钿—点面靥—描斜红—涂唇脂。面妆流行浓艳的红妆，注重面靥的修饰。眉妆造型各异，眉式大概有十五六种。花钿是唐朝妇女流行的妆饰法。

（5）宋辽金元的特点。宋朝化妆倾向淡雅幽柔，朴素自然。辽金元时期，游牧民族进入中原后，与汉族逐渐融合，妆面慢慢趋于讲究、华丽。

（6）明清时期的特点。薄施朱粉，清淡雅致。创造出新的妆粉：珍珠粉、玉簪粉、珠粉（宫粉）。

（7）民国时期的特点。中国逐步开始接受西方文明，好莱坞明星造型成为模仿对象。妆面偏白，注重五官的描绘，造型以圆为主。

（8）20世纪五六十年代的特点。这一时期，百废待兴，提倡朴素节俭，妆面简单大方。

（9）20世纪80年代以后的特点。化妆重点造型都以圆为主。肤色的表现以白为底。妆面以眼部化妆为重点。本色妆和透明妆开始流行，以明晰清爽的透明质感为中心，舍弃其他烦琐虚饰。化妆品的种类繁多，高科技成分越来越多，强调时尚、健康、自然的美。

二、常见的几种妆容

(一) 生活妆

当今社会,生活、工作节奏较快,为时刻保持优雅形象,给人良好的印象,每个人都应该会化一些日常的生活妆。一个成功的生活妆可以改变未化妆前的一些皮肤问题,也可以让精神看起来饱满一些。化妆要求匀称、协调,但有时是有条不紊的协调,有时是"不协调"的协调。要深思熟虑,展现自己独特的魅力。女性美丽的形式多种多样,每一种形式都体现出特定的个性与气质。掌握化妆技巧,你便能美得不俗,富有个性和气质。

图6.1 生活妆

生活妆的化妆顺序:护肤、打底、遮瑕、腮红、画眉毛、画眼线、刷睫毛、唇彩(见图6.1)。

第一步:护肤。基础保湿要做好,妆前按摩很重要。肌肤干燥,缺乏弹性,底妆自然不会服帖。化妆前可以使用补水妆前乳,清爽不油腻,一抹就化水,适合所有皮肤,在上底妆前先顺着毛孔生长的方向,薄薄地涂一层。

第二步:打底。先补水保湿,用甘油锁水,涂抹防晒霜,再用隔离霜、上妆前乳,用遮瑕膏进行遮瑕,均匀涂抹粉底,在全脸点涂粉底液,快速推开,达到均匀肤色,最后用散粉进行定妆。

第三步：遮瑕。一般来说，遮瑕膏比遮瑕液的效果好，可选择颜色较深的遮瑕膏掩盖黑眼圈。首先，将遮瑕膏点在眼睛周围，再用刷子均匀涂抹，并用浅一点的遮瑕膏微调；其次，肤色不均匀时，遮瑕膏也要按照肤色来调理，有眼袋沟和法令纹的地方就稍微多用一点浅色的遮瑕膏来提亮；最后，可以选择橘色系的遮瑕膏在黑眼圈附近点涂，指腹轻轻推开拍匀，在靠近睫毛根部的地方按压。

第四步：腮红。不要低于鼻底线，不然脸型就会下垂和拉长，也不要超过颧骨和太阳穴，否则会显得奇怪。可用散状粉刷蘸取少量的珊瑚粉腮红，在颧骨中间位子轻轻打圈晕染。

第五步：画眉毛。首先找到眉毛的三个点，第一个点——眉头，从鼻孔到内眼角；第二个点——眉峰，从鼻孔到瞳孔的外侧；第三个点眉尾，从鼻孔到眼角的外侧；顺着眉毛生长的方向一根根勾画，或者选择斜面的眉刷，蘸取少量的眉粉，从眉峰往眉尾扫刷。

第六步：画眼线。选择防水型的眼线笔，先把睫毛夹翘，当睫毛翘起来以后，再用指腹掰开眼皮，沿着睫毛根部勾画眼线，在睫毛根部会出现小白边，用眼线笔把小白边轻轻地全部涂满、涂黑。画完内眼线，眼睛会显得特别的明亮有神。接着从眼睛的最后一根睫毛根部开始画后眼尾，在后眼尾拉出一条小尾巴，微微上画。

第七步：刷睫毛。用睫毛夹将睫毛分成两段夹卷，然后将棉签放在眼皮上，先用睫毛定型液一根根梳理睫毛，给睫毛定型，将睫毛膏顺着睫毛涂刷，可以避免晕妆，多刷几次睫毛膏会让睫毛显得浓密。

第八步：唇彩。先用残余的粉底均匀嘴唇周围的颜色，然后用润唇膏打底，均匀涂上口红，用唇刷轻轻扫开，用纸巾抿掉多余口红，再用唇刷涂一层口红加深，唇刷扫开，纸巾抿掉多余口红，打上高光唇膏。也可以用淡色的唇彩，如粉色唇彩沿着双唇涂抹，粉色肌肤和粉色腮红能让整个人看起来气色红润。

值得一提的是，日常淡妆，防晒霜不可少。防晒霜的作用原理是将皮肤与紫外线隔离开来，有效预防黑色素的产生，晒不黑、晒不伤。如果觉得防晒霜太油腻，可以选择隔离霜。隔离霜对紫外线有隔离作用，其实质就是防晒，相比一般的防晒霜，隔离霜成分更精纯，更容易吸收。防晒霜永远是护肤的最后一步，彩妆的第一步，在化妆前涂防晒霜。另外，防晒霜不是只有夏天才需要，一年四季都要做好防晒。需要注意的是，防晒霜需要一定时间才能被吸收并发挥作用，所以，应在出门前20~30分钟涂抹。防晒霜后，可涂隔离霜。隔离霜是一个保护妆容、保护皮肤的重要步骤，它能修饰肌肤色泽不均、遮盖毛孔、控油保湿，使妆容更加服帖。如果不使用隔离霜就涂粉底，可能会堵塞毛孔，伤害皮肤，也容易产生粉底脱落现象。很多人不了解防晒霜和隔离霜的使用手法，大多是打圈后直接涂抹，很容易出现涂抹不匀、出现白痕的情况。涂抹防晒霜和隔离霜一定要用轻轻按压的方式，不仅均匀不留痕迹，还能防止搓泥现象的产生。不管是防晒霜还是隔离霜，都要使用足够的量，才能发挥它们应有的效用。

（二）职业妆

职业妆应符合职业女性的工作特点或适用于与工作相关的社交环境。一名职业女性的形象应该是符合其职业特点的。例如，管理人员要给人精神饱满、办事利索、坚毅严谨的印象；销售人员需要强调形象的可靠性与信任感，仪态大方；从事公关工作的女性则应保持亲切、温柔的形象，给人留下善解人意且与各方面都能建立良好的工作关系的印象。职业妆原则上要淡雅、含蓄，根据工作或活动场合的需要也可适当亮丽，但是不宜浓妆艳抹，要表现职业女性理智与成熟的魅力，妆型与妆色协调一致，符合工作环境与特点（见图6.2）。

图6.2 职业妆

　　适用于工作环境的职业妆妆色淡雅含蓄，妆面效果自然，保持时间长久。涂粉底霜时用量要少。稍薄的粉底霜可以保持皮肤原有的透明状态，粉底霜涂得过厚会堵塞毛孔，再加上工作紧张、身体疲劳，长期下来，易使皮肤产生病变。粉底霜的颜色要与肤色接近，并掩盖住面部的瑕疵。眉形自然，描画时强调眉毛的质感，边缘不能生硬。眼影的晕染范围重点在上眼睑的外眼角处。面积不宜过大，眼影可以起到强调眼形轮廓的作用，若眼形需要矫正时，则可以根据眼睛条件选择眼影晕染的范围与位置。眼线的线条整洁、干净。睫毛卷曲后刷少量的睫毛膏增加眼睛的神采。腮红色浅淡柔和，过于浓艳的颜色会使妆面显得俗气。描画唇形时力求自然大方，并且注意轮廓的清晰与对称。唇色不宜浓艳，应以自然的颜色为主，与整体妆色保持一致。职业妆使用的唇膏应不易褪色，牢固持久的唇色会使职业女性在一天的工作中保持良好的形象。发型整齐大方，切忌凌乱。服装款式简洁，色彩淡雅。

　　适用于工作社交的职业妆妆色可稍亮丽，但不失职业女性的端庄，尤其要注意妆色的牢固持久。涂粉底霜时可以强调面部五官的立体结构，加强凹凸效果，粉底霜涂完后，面部皮肤的颜色要与颈部皮肤颜色自然衔接，并使用透明的蜜粉定妆。定妆后用双手轻按皮肤，这样蜜粉与粉底霜衔接会更加牢固，面部也会呈现出自然滋润的状态。眉毛的描画要符合标准眉型的要求，眉头、眉峰与眉尾的位置要准确。眼影色可以使用比较亮丽的颜色，使妆容富有活力。眼影在晕染时要均匀，不能出现大面积的颜色块。眼线可以适当地延长以加长眼形。选择腮红色时，首先要考虑肤色，如果肤色晦暗，腮红色不宜过于艳丽；如果肤色健康，则可以根据服装的颜色选择。无论挑选何种颜色，都应浅淡柔和，与肤色衔接。唇色、腮红色及眼影色统一协调，并要牢固持久。职业妆的发型要整齐，服饰的色彩可以适当艳丽，但是款式依然保持大方与端庄，亮丽不失庄重，以表现职业女性的独特魅力。

（三）宴会妆

现代社会，人们的社会活动日益增加，参加各种聚会、晚宴的机会逐渐增多，在优雅华丽的环境中，讲究得体的服饰、恰到好处的妆容，能很好地展示个人的魅力。晚宴妆可以藏缺露优，扬长避短，充分展现对他人的尊重。在不同的社交场合，展现个人风格的晚宴造型与环境融为一体。晚宴妆适用于气氛较隆重的晚会、晚宴。妆型色彩对比强烈，搭配丰富，可以充分显示女性的高雅、妩媚与个性魅力（见图6.3）。

图6.3　宴会妆

晚宴无疑是展示风采的好机会，理想的晚宴妆侧重的是持久不变的妆型。必须配合华丽的服饰来展现高贵典雅色气质，在举杯谈笑中显示独特的魅力与光彩。晚宴妆与日妆不同，服饰应华丽，妆容也要精致浓烈一些。晚宴服装一般以晚礼服为主，晚礼服也称"社交服"，按照国际惯例，男性的晚礼服为西服和燕尾服；女性的晚礼服选择稍多，旗袍、紧身长裙等都是不错的选择。晚礼服应用料高档、做工精细，配饰讲究。适宜的搭配将令你光彩夺目。

晚宴妆步骤：

（1）妆前护肤三部曲：洁肤、爽肤、润肤。

（2）基础底妆：选用近肤色的粉底膏均匀打底。参加晚宴时，女性通常穿着晚礼服，为保持妆容协调，裸露在礼服外的皮肤也要涂抹底霜，使整体肤色一致。涂抹均匀后，使用蜜粉定妆，并用刷子扫去多余的粉，使肤色自然。

（3）立体底妆：用高光膏和阴影膏强调面部凹凸结构。

（4）定妆：自然，透明。

（5）修饰轮廓：用修容饼进行第二次轮廓修饰，强调明暗。

（6）眉妆：眉型略带弧度，如上扬眉或高挑眉。

（7）眼妆：眼影——运用纵向晕染法，使眼睛更加有神；眼线——用眼线笔加长内外眼角线，强调女性妩媚的神韵；睫毛——可运用夸张型假睫毛表现眼睛的神韵，使眼睛看起来更大、更亮。

（8）腮红：运用纵向晕染法强调成熟、艳丽感。

（9）唇部：运用立体唇的画法画出立体的唇形，增加女人味。

（10）整体协调：妆容、发型、服饰统一协调。

发型与服饰要配合妆容，做到近距离欣赏时，细腻出彩，整体感强；远距离欣赏时，大效果突出，醒目、高贵、华丽，引人注目。

三、化妆时应注意的几个问题

（1）化妆要自然协调，不留痕迹。无论什么妆容，切忌厚涂。

（2）职场女性应当化淡妆，不过分引人注目。如果一位职场女性在工作场合妆化得过于浓艳，往往会给人招摇的感觉。略施粉黛、淡扫蛾眉、轻点红唇，恰到好处地强化即可。

（3）避免当众化妆或补妆。女士要补妆时，最好去化妆间或卫生间，不要在公共场合或是当着异性的面化妆或补妆。

（4）不要借用他人的化妆品。众所周知，借用他人的化妆品既不卫生，又很失礼。

（5）尽量不要出现妆面残缺的现象。用餐后、饮水后、休息后、出汗后、沐浴后，一定要及时地补妆。如果妆面深浅不一，可能会给他人留下不好的印象。

（6）正确挑选和使用香水。有品位的人一定不会胡乱使用香水，因为那样只会一团糟。一般来说，选择清新淡雅的香水，而非气味浓烈、刺鼻的香水。另外，不同味道的香水在调制之初就确定了它适合的季节，所以要根据季节配搭香水。春天，温度偏低，空气潮湿，香氛挥发性较弱，适宜选用清新花香或水果花香的香水；夏天，气候炎热潮湿，动辄汗流浃背，气味清新、挥发性强的香水是不错的选择，可使用柑橘香调、绿香调或甜度较为收敛的复合花香调香水，或者中性感觉的青涩植物香和天然草木清香；秋天，气候干燥，秋风送爽，可使用香气较浓的植物香型，带甜调的果香是理想的选择，适宜用喷雾法；冬天，在厚厚的衣物之下，更需浓浓的香氛驱走寒气，清甜花香和辛辣调的浓香都是可以的。如何使用香水才能既自我放松，又展现个人的品位与修养呢？香精以"点"、香水以"线"、古龙水以"面"的方式使用，香水擦得越广，味道越淡，是使用香水的秘诀。使用方法分喷雾法与七点法：喷雾法——在穿衣服前，让喷雾器距身体10~20厘米，喷出雾状香水，喷洒范围越广越好，随后立于香雾中5分钟；或者将香水向空中大范围喷洒，然后慢慢走过香雾。这样都可以让香水均匀落在身体上，留下淡淡的清香。七点法——将香水分别喷于左右手腕静脉处，双手中指及无名指轻触对应手腕静脉处，随后轻触双耳后侧、后颈部；轻拢头发，并于发尾处停留稍久；双手手腕轻触相对应的手肘内侧；使用喷雾器将香水喷于腰部左右两侧，左右手指分别轻触腰部喷香处，然后用沾有香水的手指轻触大腿内侧、左右腿膝盖内侧、脚踝内侧。注意擦香过程中所有轻触动作都不应有摩擦，否则香料中的有机成分发生化学反应，可能会破坏香水的原味。

第二节　仪态艺术

中国人讲究"站有站相，坐有坐相"。随着时代的发展，温文尔雅、从容大方、彬彬有礼已成为现代人的一种文明标志。礼貌的举止行为是人的一种教养，更是无形的财富。优雅的仪态是人际交往的"通行证"。在政务、商务、事务及社交场合，仪态举止体现了一个人的内在修养，也反映了其审美趣味。从某些角度而言，优雅的仪态包括正确的体态、灵动的神态、得体的仪态、美好的心态和全然绽放的生命状态五个部分。优雅的仪态不仅仅是一种美的演绎，更是一种礼仪的反映，一种修养的彰显。

礼仪中的每个动作都有规范和要求，用以表达不同的意思，而丰富的肢体语言，隐藏了许多你意想不到的秘密，借助肢体语言，我们可以读懂自己，读懂别人，可以说，肢体语言是我们表达情绪和传递信息的重要工具。

大家都知道,儒家是非常讲究礼仪的,常常强调"克己复礼",也就是克制自己的私欲,使言行举止合乎礼节。据说,孟子进房间时看见妻子"伸开两腿坐着",便向母亲表达了自己的休妻之意。这是为什么呢?因为古人是非常讲究礼仪的。站有站相,坐有坐相。如果与礼不符,便会遭到世人耻笑。古人认为正规的坐姿是跪坐,即臀部搁在脚踝上。跪坐是对对方表示尊重的坐姿,也叫"正坐":席地而坐时,臀部放于脚踝,腰背要挺直,双手规矩地放于膝上,身体气质端庄,目不斜视。有时为了表达说话的郑重,臀部离开脚踝,叫"长跪",也叫"起",乐羊子妻劝丈夫拾金不昧时,就用这个姿势说话。孟子妻"踞"而坐,即使在家人面前也是不允许的。

从某些方面而言,古代人比现代人更加重视礼仪,古人认为"行礼"不仅是出身、修养的体现,更是尊重他人的表现,加之古代往来不便,有时一别之后不知何年再见,甚至终身不再相见,所以古人在相交的过程中愈发注重自己的礼仪与仪态。良好的仪态与礼节在现代社会同样重要,"仪态得体"是对一个人仪态修养最基本的要求。

仪态,通俗地讲,是指人的仪表和姿态。人的年龄、体型等在相对的一段时间内不会发生太大变化,而人的神态、行为、一举一动却随时在变化,而且可控性也很强,因此我们要学会把握"动态"的仪态。

一、表情

表情是人们通过面部情态来表现内心情感的方式。真诚的微笑和坦诚的眼神就像无声的语言一样可以传达信息,表情礼仪探讨的正是眼神、笑容等方面的问题。

（一）眼神

眼睛是人的五官之首，更是面部表情的核心。在与人交往时，甚至可以通过一个人的眼神看到他的整个内心世界。一个良好的交际形象，眼神应是坦诚、亲切、友善、炯炯有神的。眼神的运用要注意时间、部位、方式等三个方面。

1．视线接触时间

在交谈的过程中，听的一方通常应多注视说的一方，目光与对方接触的时间一般占全部时间的三分之一，这是让人舒服的、可以感受到友好的目光接触时间。在交谈时，听者的目光四处游离则会给人蔑视之感；一直盯着对方会给人敌视之感，都是令人不舒服的目光接触。

2．注视的部位

注视的部位在眼神礼仪中也是大有讲究的，比如眼神凝视对方眼睛及以上的部分会给人一种正式、严肃之感；眼神盯着对方双眼到唇心这个区域，则会给人放松、舒适之感；眼神注视着对方的唇或胸前第二颗纽扣的位置，则会给人亲近之感，适用于恋人与家人之间。

3．注视的方式

眼神的注视方式有直视型、他视型、转换型、柔视型、无神型和热情型六种类型。直视型，顾名思义就是直勾勾地盯着对方，会使对方产生压迫感；他视型和转换型是指在他人讲话时眼睛不是望着别处便是四处游移，这两种都是不尊重对方的表现；柔视型，虽然也是直视说话者，但目光柔和，会灵活变化角度，有神却不失温柔，是交谈时最恰当的注视方式，给人轻松、舒适之感；无神型指眼神空洞，会让对方觉得不被重视；热情型的注视方式会给人热情高涨、饱满之感，但这种注视方式并不适用于所有场合，应选择性地使用。

（二）微笑

"微笑"在现代已经发展成了日常人们见面常用的礼仪，它使人觉得和蔼、可亲、文明。微笑应是发自内心、自然流露的。轻松友善的微笑，要自然、美好、真诚，切忌虚假造作、故作欢颜、曲意奉承。另外，在融洽的气氛中，当对方对自己微笑时，要有所回应，这也是最起码的礼貌。微笑分为含笑、微笑和轻笑。

（1）含笑：只动嘴角肌，有淡淡的笑意，适用于人与人初次见面、初次视线接触。

（2）微笑：比含笑的幅度稍大，可微微露齿，适用于在彼此关系进一步熟悉时的视线接触（见图6.4）。

（3）轻笑：一般可露出6~8颗牙齿，表达真诚、平和和满意的情绪。

图6.4 微笑

（三）整体表情

在公共场合或是社交场合，人的整体面部表情是十分重要的。在正式场合，说话时最好不要牵动眉眼，"眉飞色舞""愁眉不展""挤眉弄眼""嘴歪眼斜"等类似的表情都是不雅观的，同时也会给人不稳重的感觉。交谈时，一定要注意说话的口型要中正，不要歪扭。

二、举止

一个人所展现出来的仪态美实际上是教养、风度和魅力的综合体现。那什么是风度呢？风度可以理解为一个人举手投足间流露出来的气质。那什么是一个人的魅力呢？魅力就是一个人美妙的、自然的造型。古人所讲的，立似松、坐如钟、行似风、卧如弓，实际上讲的是约定俗成的美。

（一）体态举止的内涵

举止优雅的重要性表现在以下三个方面。

第一，举止优雅、风度翩翩可以直接给人留下一个美好的印象，初步获得他人的认可。无论是何人，他们的心都是向举止得体、彬彬有礼的人打开的。态度生硬、举止粗俗只会使人倍生厌恶之情、憎恶之感。

第二，举止优雅的人往往能更快地得到他人的尊重，更容易走向成功。平心而论，你会去发自内心尊重一个行为、言语都粗俗不堪的人吗？我们只会把尊敬的目光投注到那些温文尔雅的人身上。优雅的行为既可以让人心生愉悦，也可以使人平和，而粗俗的举止会令人不快和烦躁，让人不喜。

第三，培养自己优雅的举止和文雅的个性也有助于自我身心的健康发展。中医指出，人的情绪在很大程度上影响着健康，而只有温和文雅的人才能保持情绪的平衡和稳定，获得身心的健康。

（二）举止规范

1. 挺拔如松——站姿

中国人赞赏"坐如钟，站如松，落如铁，卧如山"，这都是中国身体美学境界中对人体"坐、卧、立"之相最为形象的概括。显然，钟、松、铁、山传达出的均为实的存在感，是事物静止状态的刻画，在此相形的规定之下，人体的重心点必然是低的，力量必然是重而沉稳的（见图6.5）。

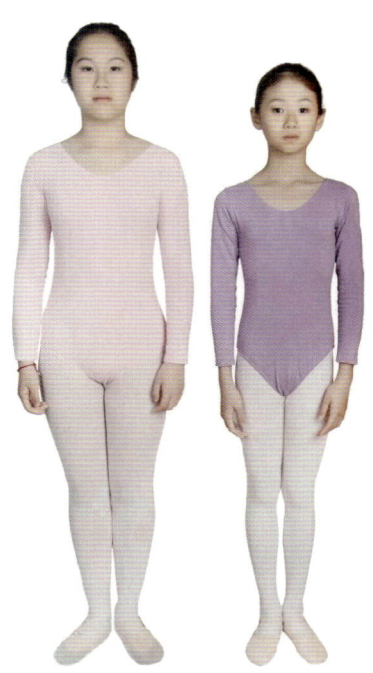

图6.5 站姿

"站有站相"是我国礼仪要求中对一个人礼仪修养最基本的要求。挺拔、典雅的站姿是一种体态的美，良好的站姿能衬托出一个人良好的气质和风度。站姿男女有别。男生的站姿要求稳健，所谓"刚武有力"，即刚健、强壮潇洒的站姿；女生的站姿要求优雅柔美，所谓"亭亭玉立"，即轻盈、娴静、典雅的站姿。一个人的站姿，充分地反映这个人的自律情况，如果一个人的站姿很松懈，想怎么站就怎么站，时不时还找一个地方靠一下，可能说明这个人对自己的要求不严格。

从力学上讲，人类双足站立的姿势很不正常，是一种非常不稳定的结构，支撑基座的表面面积比整体小很多，基座没有完全固定在地面上，你可以想象一个高层建筑没有地基是多么的危险。

但是，人类为什么又能轻易地维持站姿及直立的各种姿态呢？那是因为身体的姿势肌在持续地收缩紧张。人的背部及腰腹部的所有肌肉都可以被认为是姿势肌，人类从爬行的姿态到站立行走，都是因为有这些肌肉的支撑，即使没有地基或面积很小也能够维持稳定。

实际上，身体的各部分肌肉或器官都会因为姿势肌而避免萎缩。现代社会，工作、生活压力大，人的身体出现了各种各样的问题，例如腰腿疼痛、肩颈酸痛、血压偏高，甚至出现各种心理问题，这些都可能与最初的站姿有关。换句话说，姿势肌出现了功能障碍，整体的肌肉失去平衡，姿势问题加重，从而引发了身体和心理疾病。另外，如果保持一个不良的姿态去运动，受伤的风险会比保持良好姿态运动的人高出很多，容易导致运动损伤。

（1）标准站姿的要求。

站立时，头要正，下颌微收，肩要并，并微向后张，双肩自然下垂；挺胸，收腹，立腰；两腿挺直，两膝并拢，两脚跟靠紧；除此之外，表情自然，眼睛平视，环顾四周，面带微笑（见图6.6）。

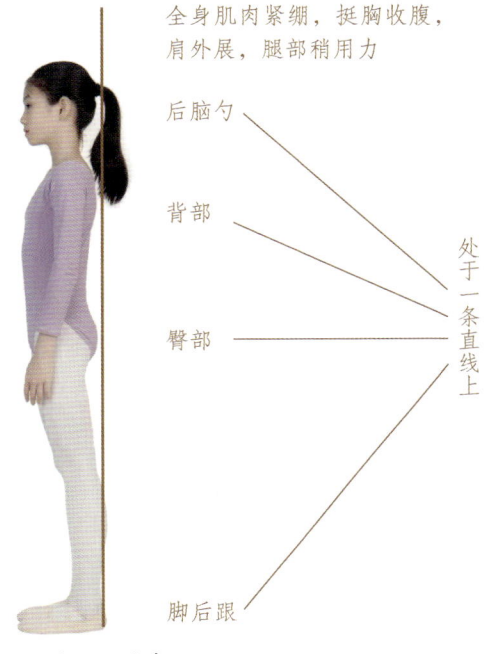

图6.6　站姿

（2）与人交谈时的站姿要求。

站着与人交谈时，双手或下垂或叠放于下腹部，右手放在左手上，不可双臂交叉，更不能两手叉腰，或将手插在裤袋里，或下意识地做小动作，但可以随谈话内容适当做些手势加以辅助说明。

（3）站立的休息姿势。

站立时间较长或是场合比较放松时，左脚或右脚可向后撤半步，重心移到后撤的脚上，两脚相互替换休息。两脚替换休息时，腿不能弯曲，上体必须保持正直。

（4）男生的站姿礼仪。

男生的标准站姿有两种：

一种身体立直，抬头挺胸，下颌微收，双目平视，嘴角微闭，双手自然垂直于身体两侧，双膝并拢，两腿绷直，脚跟靠紧，脚尖分开呈"V"字形。

第二种身体立直，抬头挺胸，下颌微收，双目平视，嘴角微闭，双脚平行分开，两脚之间距离不超过肩宽，一般脚肩同宽，双手放于身旁，自然下垂（见图6.7）。

图6.7　男生站姿

（5）女生的两种站姿礼仪。

V字形站姿动作要领及手位摆放：抬头、挺胸、收腹、提臀、下颌微收，双肩放松，两手放下在肚脐处呈交叉式放置或者两手并拢，手指中指紧贴裤缝，整个身体呈军姿站立。腰部自然挺直，双肩放松，呼吸自然匀称。双脚脚后跟并拢，脚尖分开成60°左右，两腿需微用力。平时军训时、升国旗仪式时、正式场合时需要此种站姿。

丁字步站姿动作要领：一般情况下左脚在前右脚在后，左脚的脚后跟放于右脚的脚窝处，两脚呈丁字形站立，抬头、挺胸、收腹、提臀，下颌微收，颈部挺直，双肩放松，两手放下在肚脐处呈交叉式放置。腰部自然挺直，双肩需放松。

（6）需克服的动作。

不宜探头或者低头，站立时不能倚靠柱子、桌子；站立时，女生的两腿不能分开，更不能抖动双腿，或晃动身体；站立时，不能弯腰驼背；在正式场合站立时禁止双手抱胸，随意摆弄手指或将手放入衣服口袋等。

（7）站姿练习。

背靠墙练习站姿自我训练要领：

a．后脑、双肩、臀、小腿、脚跟等紧靠墙面。

b．立腰、收腹，使腹部肌肉有紧绷的感觉；收紧臀肌，使背部肌肉紧压脊椎骨，感觉整个身体在向上延伸。

c．挺胸，双肩放松、打开，双臂自然下垂于身体两侧。

d．使脖子有向上延伸的感觉，双眼平视前方，脸部肌肉自然放松。

2．端坐如钟——坐姿

从图意解释，"坐"字为人坐于地上，所以，古人多为席地坐（见图6.8）。唐宋以后，渐不席地坐。

古时候，由于儒家伦理道德的约束，人与人之间的人伦关系是有统顺、上下及君臣等社会等级的，便以此形成了贵族阶级间的跪坐之礼相。自殷商以来，跪坐礼渐渐发展为庶民供奉祖先、祭拜天地以及招待宾客的礼仪。值得一提的是，"跪坐礼"虽强调的是一种敬拜的礼

图6.8 女士坐姿——席地坐

数,但"跪"本身也是一种"坐"法,如中国古典舞身韵练习地面坐姿一样,两膝着地,臀部压在脚后跟上。这种"坐"法盛行于中国汉代,是指在特定的场合(如筵席)中,君臣或晚辈长辈之间,若晚辈或臣子要上前与长辈或君王说话,需"坐"行抑或跪行,才为尊敬之礼。而"跪"从人体的形态上说是屈双膝或单膝着地,同时,"跪"在中国传统文化中还包含了颇多"礼"数。如"妇人左右、前后、跪起,皆中规矩绳墨,无敢出声",也就是说,"跪"即要拜。就此来说,"跪"如不拜就是"坐"了。如此,忽略"跪""坐"二者的文化本意,只是单纯强调其在人体结构上将"跪"处理为除"盘膝而坐"之外的另一种"坐"法,这必会使以身体为载体的文化意味传承失去其真实的语义,使引用来的体式相态显得苍白无力。

坐姿与站姿同属于静态姿势。正确规范的坐姿应该是端庄而优美的,给人以文雅、稳重、自然大方的美感。坐是人们行为举止的主要内容之一,无论是伏案学习、参加会议,还是会客交谈,无论是正式的场合还是放松的场合,都离不开坐。坐,作为一种举止,有着美与丑、优雅与粗俗之分。坐姿要求"坐如钟",指人的坐姿像一座钟般端直,这里的端直主要指上半身的端直。

(1)坐姿的标准要求。

入座时要轻、稳、缓,要做到"左进左出",即从椅子左边走到座位前,转身后轻稳地坐下。女子入座时,若是裙装,应用手将裙子稍稍拢一下再坐下,以防压到裙子,致使起身后裙子出褶。一定不要坐下后再拉拽衣裙,那是非常不雅观的举动,而应再次起身将裙子拢好后再坐下。正式场合一般从椅子的左边入座,离座时也要从椅子左边离开,这是一种礼貌(见图6.9)。如果椅子位置不合适,需要挪动椅子的位置,应当先把椅子移至欲就座处,然后入座。而坐在椅子上移动位置,则是不优雅的行为,同样也是有违坐姿礼仪的。

图6.9　女士坐姿

入座后，神情仪态应从容自如，双肩平正放松，上体自然挺直，两臂自然弯曲放在腿上，亦可放在椅子或是沙发扶手上，总之应以自然得体为宜。女士双膝自然并拢，双脚并拢或交叠或成小"V"字形。男士两膝间可分开一拳左右的距离，脚态可取小八字步或稍分开以显自然洒脱之美，但两膝盖之间的距离太大，则会显得粗俗和傲慢。

坐在椅子上时，应坐椅座的2/3，腰背挺直，切记不可驼背，也尽量不要靠在椅背上。宽座沙发则坐1/2。离座时要自然稳当，从座椅左侧离开。

（2）交谈时的坐姿。

谈话时应根据交谈者方位，将上体双膝侧转向交谈者，上身仍保持挺直，不要出现弯腰驼背的不雅姿态。

（3）男生的几种坐姿。

开膝式：在基本坐姿（入座式）的基础上，两腿分开不超过肩宽。

叠放式：在基本坐姿的基础上，左（右）腿垂直于地面，右（左）叠放于上面，注意不要形成"4"字形坐姿。

（4）女生的几种坐姿。

标准式，也就是前文提到的入座式。

双腿斜放式，即侧点式，在基本坐姿的基础上，两腿并拢，将两脚同时放于左侧或右侧。

脚踝盘坐交叉式，即前交叉式，在基本坐姿的基础上，将两脚踝盘住，交叉垂直于地面。注意将膝盖并拢，两脚尖外展。

斜叠式，即侧挂式，在基本坐姿的基础上，左（右）腿斜放，右（左）腿叠放于另一腿上，注意脚腕绷直，脚尖外展。

（5）需克服的动作。

① 切忌在座椅上前俯后仰，东倒西歪，弯腰驼背。

② 不论男士还是女士都不可抖腿，跷脚或将双腿分开，在正式的社交场合中尽量不跷二郎腿。

③ 不可大腿并拢小腿分开，或双手放于臀下。

④ 不可腿脚不停抖动。

⑤ 与客人交谈时，一定要坐正。如果是初次见面尽量不跷腿，尽量不做多余的动作，例如抠手指、拉衣服、整理头发等，这些都会破坏坐姿的美感。不要把脚搭在椅子或沙发扶手上，不要架在茶几上，也不要把两腿笔直地向前伸，两膝不要分得太开。

身体和语言一样，随时都可能透露我们内心的秘密。心理学家发现，连无意识摆出的坐姿都与性格有微妙的联系。

① 将椅子转过去骑着坐。喜欢将椅子转过去骑着坐的人比较自信，好胜心强，内心的防御性大都很强，不太爱与人交心。

② 喜欢抖腿。喜欢抖腿的人反应快，接受能力强，但可能没有耐心，有时给人不够稳重的感觉。

③ 端坐在椅子前半部分。经常端坐在椅子的前半部分的人一般性格内向，谦虚有礼，善于倾听，能够体谅别人。他们个性成熟，亲和力强，容易被人信赖。

④ 双腿张开，伸得很长。习惯将双腿张开且伸得很长的人大多外向、开朗，不拘小节，但有时给人傲慢、霸道，支配性强的印象。

⑤ 前胸紧靠桌子，双腿并拢。经常摆出这种姿势的人可能比较内向、拘谨，常常不够自信，做事不太果断，缺乏灵活性。

⑥ 双腿自然分开，手放腿上。这是古代男性的标准坐姿，体现出闲适、儒雅的气度。

⑦ 喜欢靠着椅背。喜欢靠着椅背坐的人可能比较慵懒、散漫，做事拖沓，对自己要求不高，对别人比较宽容。

所谓正确的坐姿是非常复杂的，也因人而异，每个人都有最适合和舒服的坐姿，但最重要的是必须"好好坐"。长时间使用电脑的现代人，往往是驼背式的前倾坐姿，久而久之，背部肌肉疲劳、背痛及脊椎变形等问题接踵而至。

一般来讲，坐着时，踝关节尽量保持90°，并且平放在地，其他许多细节还包括视线和电脑荧屏的距离、荧屏和键盘的摆放位置和角度、使用键盘的手势等，这些因素都能对健康造成影响。

在讲求正确坐姿之前，首先必须有"正确的椅子"：能够上下调整高度和前后活动的座椅和椅背、有轮能移动、有扶手能让手臂平放和休息。人的高度和身材不同，所以需要一张能够调整适合自己高度的椅子，活动椅背则帮助背部得到休息和舒缓，尽量不用不能移动和调整的椅子，长时间僵直坐着，身体必然酸痛。

3．恰当优雅——蹲姿

在日常生活中，人们对掉在地上的东西，一般会弯腰将其捡起，这一过程中可能会出现弯腰曲背、低头撅臀等不雅观的现象，尤其当女生穿裙子时，如果下蹲的姿势不正确，既不雅观，也不礼貌。

蹲姿是人处于静态时的一种特殊体位。蹲姿要领：下蹲时一脚在前，一脚在后，两腿向下蹲，前脚全着地，小腿基本垂直于地面，后脚脚跟提起，脚尖着地。女性应靠紧双腿，男性则可适度地将其分开。臀部向下，基本上以后腿支撑身体。一定要腿部弯曲，切记不可只撅臀不弯腿（见图6.10）。

（1）蹲姿的基本要求。

① 下蹲拾物时，应自然、得体、大方，不遮遮掩掩。

② 下蹲时，两腿合力支撑身体，避免滑倒。

③ 女士无论采用哪种蹲姿，都要将腿靠紧后弯曲，臀部向下；应使头、胸、膝关节均匀用力，使蹲姿优美。

（2）几种常见的蹲姿。

图6.10　女士蹲姿

交叉式蹲姿：交叉式蹲姿多用于女士，下蹲时右脚在前，左脚在后，右小腿垂直于地面，全脚着地。左膝由后面伸向右侧，左脚跟抬起，脚掌着地。两腿靠紧，臀部向下，上身稍前倾。

高低式蹲姿：高低式蹲姿男女皆可用，下蹲时右脚在前，左脚在后，但两脚距离不可过远，两腿靠紧向下蹲。右脚全脚着地，左脚脚跟提起，脚掌着地。左膝低于右膝，左膝内侧靠于右小腿内侧，形成右膝高左膝低的姿态，臀部向下，基本上以左腿支撑身体。

（3）需克服的动作。

弯腰捡拾物品时，两腿叉开，臀部向后撅起，是不雅观的姿态；两腿展开平衡下蹲，其姿态也不优雅。蹲时注意内衣"不可以露，不可以透"。

（4）蹲姿要点。

迅速、美观、大方是规范蹲姿的基本要点。若用右手捡东西，可以先走到东西的左边，右脚向后退半步后再蹲下来。同时，背部要保持挺直，臀部一定要蹲下来，避免弯腰翘臀的不雅姿势。男士两腿间可留有适当的缝隙，女士则要两腿并紧，穿旗袍或短裙时需更加注意，以免尴尬。

4. 潇洒如风——走姿

行走是人的基本动作之一，属于动态举止，最能体现一个人的精神面貌。行走姿态可反映人的内心境界和文化素养。大文豪巴尔扎克说："巴黎的女性是走路的天才。"不管她们的身材如何，其走姿优美，能很好地展现她们绰约的风姿。

（1）走姿的基本要求。

走姿是站姿的动态动作。行走时，要挺胸抬头，下颌微收，面部自然，走路使用腰力，身体重心宜自然稍向前倾。此外，步距要均匀，约一脚到一脚半的距离，男士的步距可以稍微大一些。

女性穿裙子或旗袍时，尽量走成一条直线，使裙子或旗袍的下摆与脚的动作协调，呈现优美的韵律感；穿裤装时，宜走成两条平行的直线。

无论男士还是女士，出脚和落脚时，脚尖、脚跟应与前进方向近乎一条直线，避免"内八字"或"外八字"。

两手前后自然协调摆动，手臂与身体的夹角一般在10°~15°，由大臂带动小臂摆动，肘关节可微曲。

（2）需克服的动作。

在行走的过程中，双臂切忌做左右式的摆动；切忌走外八字或内八字；不要低头后仰，也不要扭动臀部；切忌步履蹒跚，腿不伸直，脚尖先着地等不雅的步态（尤其是女生穿高跟鞋时应特别注意）。

（3）男生走路。

男生走路时，应昂首、闭口，两眼平视前方，挺胸收腹，直腰，上身不动，两肩不摇，步态稳健，显出刚强之美。

（4）女生走路。

女生走路时，应头部端正，不宜抬得太高，目光平和，直视前方，上身自然挺直，收腹，两手前后摆动幅度要小，两腿并拢，步幅要小，穿裙装时尽量走成直线，步态平稳自如（见图6.11）。

5．首势与手势

（1）首势。

在仪态举止礼仪中，"首语"也是一种人与人之间交流的语言，人们总会无意识地将自己的想法通过头部的姿势表现出来，那么，头部有哪些常见的动作呢？

点头。点头的动作可以说是人类最常见的动作之一了。点头通常代表着肯定或者赞同的态度，其实点头可以当作鞠躬的简化动作，鞠躬表示顺从，点头表示赞同。但有些国家例外，点头表示"不"的含义。此外，点头还可以用在熟人之间互相打招呼，例如，特殊场合不宜握手、寒暄，便可以点头致意。

抬头。如果你正在伏案工作，有人走过来有话对你说，那么只有当你抬头看着来人的时候，对方才知道你有意倾听，这时他才会和你讲话。换句话说，抬头是有意投入的表现。

低头。一般而言，低头是压低自己来隐藏自己的面部表情，一般表示谦卑、害羞，或是隐藏不满的情绪。但是上位者对下位者低头则可

图6.11 女士走姿

能是友善的表现。

歪头。当听话者对所听到的内容感兴趣时,常常会将头往一侧倾斜,面带微笑,十分专注。

(2)手势。

手势语言在人们的交流中起着非常重要的媒介作用,所谓"言有尽而意无穷",手势可以帮助我们更好地表达语言所表达不出的感情。人在紧张、兴奋、焦急时,手都会有意无意地表现。手势是仪态的重要组成部分,应正确地使用手势。手势是人们交往时不可缺少的动作,是最有表现力的一种"体态语言",即俗话说的"心有所思,手有所指"。手的魅力并不亚于眼睛,从某种角度来说,手就是人的第二双眼睛。

生活中,女士有几种常见的手势,以突显手部的美感。左手抓右手手腕,或右手抓左手手腕,自然搭于体前,适用于日常交谈场合;或者用右手抓住左手食指和中指,手腕微微下压,适合礼仪、接待场合;左手在下,右手在上,放于体前,适合稍正式的商务场合。除此之外,还可以双臂交叠,食指微微地延伸,同时微微压腕,可以更凸显曲线的优美。在指示方位的时候,一定是五指并拢,眼睛顺着手的方向看出去,再看回来(见图6.12)。

值得一提的是,手势不是通用的,同一手势在不同的国家或地区所表示的意义有可能是不同的,因此,我们在选用手势时一定要了解当地的风俗文化,并慎重选用。

以下是几种常用的手势:

招手。在很多国家,招手是用来招呼别人过来或是叫出租车;在美国,招手时手心向下,则是召唤狗到自己身边。

跷起大拇指。在大多数国家和地区,这个手势一般都表示顺利或夸奖别人,但也有例外,在美国和欧洲一些地方,这个手势表示需要搭

图6.12 女士手势

车;在德国表示数字"1",在日本却表示数字"5"。

OK手势。拇指、食指相接成环形,其余三指伸直,掌心向外。OK手势源于美国,在美国表示"同意""顺利""很好"的意思;在法国某些地方,表示"零"或"毫无价值";在日本表示"钱"。

举手致意,也叫"挥手致意"。用来向他人表示问候、致敬、感谢。当你看见熟悉的人,又无暇分身的时候,就可以举手致意,这样会立即消除对方的被冷落感。切记要掌心向外,面对对方,指尖向上。

与人握手。在见面之初、告别之际、慰问他人、表示感激、略表歉意等时候，往往会以手和他人相握。握手一定要注意先后顺序。握手时，双方伸手的先后顺序应为"尊者在先"，即地位高者先伸手，地位低者后伸手；女士先伸手，男士后伸手。切记不可一人同时与多人握手，也不可左右手同时与他人相握。和人握手时，一般保持3~5秒即可。

（三）个人举止行为禁忌

（1）出席正式场合前，必须整理好衣裤，不能在公共场合系领带、系腰带、提裤子等。

（2）在公众场所不要当众挖耳朵、揉眼睛，也不要随意地剔牙齿、剪指甲等。

（3）在公共场合不宜高声谈笑、大呼小叫、讲脏话，讲话声音的大小应以不引起他人注意为宜。

（4）在参加正式活动前，不应吃带有刺激性气味的食品，例如大蒜、葱、韭菜等，避免与他人交流时口中发出异味。

（5）要尽量避免和克制在公共场合及他人面前打哈欠、伸懒腰、对人打喷嚏、打嗝或发出其他不雅的声音。

（6）若女士需要补妆，应去洗手间，在人前补妆是失礼的行为。

（7）要时刻注意个人卫生。个人良好的仪容卫生，给人以端庄、稳重、大方的印象，既能体现自尊自爱，又表示对他人的尊重。

参考文献

[1] 王文锦. 礼记译解[M]. 北京：中华书局，2001.

[2] 刘熙. 释名[M]. 北京：中华书局，2016.

[3] 许慎. 说文解字[M]. 北京：中华书局，2013.

[4] 尔雅[M]. 郭璞，注解. 杭州：浙江古籍出版社，2011.

[5] 杨伯峻. 论语译注[M]. 北京：中华书局，2009.

[6] 杨伯峻. 孟子译注[M]. 北京：中华书局，2005.

[7] 陈鼓应. 庄子今注今译[M]. 北京：中华书局，2009.

[8] 周振甫. 诗经译注[M]. 北京：中华书局，2010.

[9] 周振甫. 周易译注[M]. 北京：中华书局，2010.

[10] 金兆梓. 尚书诠译[M]. 北京：中华书局，2010.

[11] 单铭磊. 礼仪文化[M]. 北京：中国经济出版社，2014.

[12] 彭澎. 礼仪与文化[M]. 北京：清华大学出版社，2007.

[13] 尹雯. 礼仪文化概说[M]. 昆明：云南大学出版社，2004.

[14] 杨澜. 杨澜访谈录[M]. 北京：新星出版社，2007.

［15］柳诒徵. 中国文化史［M］. 北京：中华书局，2015.

［16］黄能馥，苏婷婷. 珠翠光华［M］. 北京：中华书局，2010.

［17］黄能馥，乔巧玲. 衣冠天下［M］. 北京：中华书局，2009.

［18］彭林. 中国古代礼仪文明［M］. 北京：中华书局，2013.

［19］李天纲. 中国礼仪之争：历史・文献和意义［M］. 上海：上海古籍出版社，1998.

［20］杨志刚. 中国礼仪制度研究［M］. 上海：华东师范大学出版社，2001.

［21］金正昆. 社交礼仪［M］. 北京：北京大学出版社，2005.

［22］金正昆. 大学生礼仪［M］. 北京：中国人民大学出版社，2007.

［23］金正昆. 现代礼仪［M］. 北京：北京师范大学出版社，2006.

［24］林春. 礼仪文化与大学生礼仪修养［M］. 北京：中国社会科学出版社，2011.

［25］王学泰. 华夏饮食文化［M］. 北京：商务印书馆，2013.

［26］贾振明. 饮食文化与社交礼仪［M］. 呼和浩特：内蒙古人民出版社，2013.

［27］唐德根. 西方文化与礼仪［M］. 长沙：湖南人民出版社，2007.

［28］伊丽莎白・波斯特. 西方礼仪集萃［M］. 北京：生活・读书・新知三联出版社，1991.

［29］范冰. 西方社会礼仪与文化［M］. 杭州：浙江大学出版社，2014.

［30］朱玉. 漫话西方饮食文化［M］. 重庆：重庆大学出版社，2015.

［31］琳达・格兰特. 穿出来的思想家：搭配有范，购物有乐，穿衣有道［M］. 张虹，译. 重庆：重庆大学出版社，2014.

［32］张彦群. 言语交际学案例教程［M］. 北京：科学出版社，2019.

［33］吴帆. 化妆设计［M］. 上海：上海交通大学出版社，2012.

［34］雪莉. 零基础学裸妆［M］. 长春：吉林科学技术出版社，2012.

［35］董健，马俊山. 戏剧艺术十五讲［M］. 北京：北京大学出版社，2012.

［36］黑格尔. 美学（第1卷）［M］. 北京：商务印书馆，1982.

［37］唐丽娟，尹德锦，张琳. 礼仪与文化［M］. 成都：西南交通大学出版社，2018.

［38］顾兆贵. 舞蹈艺术的审美特征与欣赏［J］. 北京舞蹈学院学报，2004（04）.

［39］黄涛. 论舞蹈艺术的审美特征［J］. 科教导刊（中旬刊），2010（03）.

［40］彭幸子. 基于形体芭蕾与空乘仪态礼仪交替式训练的研究［J］. 漳州职业技术学院学报，2019（02）.

［41］王一茹. 古典芭蕾舞剧《天鹅湖》的艺术魅力［J］. 小说评论，2012（05）.

［42］周新颖. 仪态礼仪中的传统文化［J］. 文学教育（上），2016（05）.